マザー・テレサ　日々のことば

ジャヤ・チャリハ＆エドワード・レ・ジョリー　編
いなます みかこ　訳

女子パウロ会

ここに集められたマザーのことばは、
いろいろな機会に、さまざまな形で、
いろいろな人々に語られたもの
からの抜粋です。

日本語版では以下の部分に原本と異なることばを選択しました。
（7月26日・9月24日・10月14日・12月3日）

もくじ

写真　千葉茂樹

ブックデザイン　中島祥子

1月

January

1月1日

●

joy of loving

あなたの心の中に、
神を愛する喜びを持ちつづけてください。
そしてこの喜びを、
あなたが出会うすべての人たちと分かち合いましょう。
特に、聖なる者となれるよう、
家族といっしょに祈りましょう。

1月2日

●

seeing faith

主よ、現実をしっかりと見る信仰をお与えください。
そうすれば、
わたしの働きは、決して単調なものにはならないでしょう。
貧しく苦しむ人々の気まぐれを優しく受け止め、
願いをかなえてあげることに喜びを見いだすことでしょう。
病気のあなたは、なんと愛《いと》しい人でしょう。
あなたはわたしにとって二重に大切な人です。
あなたがキリストを現しているのなら、
あなたのお世話をさせていただけることは、
わたしにとって、なんという特権なのでしょう。

1月3日

"You are a liar"

「神を愛しています」と言うだけでは、十分ではないのです。
周りの人も愛さなければなりません。
聖書の中で、聖ヨハネはこう言っています。
「神を愛していると言いながら、
あなたの周りにいる人たちを愛していないなら、
あなたはうそつきだ。
見たり触れたりすることのできる人、
ましてや、いっしょに住んでいる周りの人を愛せないで、
どうして見えない神を愛せると言うのか？」
聖ヨハネは強い言葉で言っています。
「あなたはうそつきだ」と。
読むのがこわくなるような言葉のひとつ。
けれども、それは実にほんとうのことなのです。

1月4日

true love

わたしたちが気づかなくてはならない、大事なことがあります。
ほんとうの意味で愛するということは、
傷つくということなのです。
事実、他の人たちを傷つけないで彼らに善いことをするためには、
それが、わたしから何かを奪うことであっても、
喜んで与えなくてはならないのです。
このことは、
傷つくまで与えることを、喜んで受け入れるよう要求します。
そうでなければ、
わたしの中にはほんとうの愛は存在しないということになり、
周りの人たちに、平和ではなく、不正をしてしまうのです。

1月5日

do not wait for tomorrow

愛は、今日始まります。
今日、だれかが苦しんでいます。
今日、だれかが路上にいます。
今日、だれかが飢えています。
わたしたちの働きは、今日という日のためにあるのです。
昨日は過ぎてしまいました、
明日はまだきていません。
貧しい人の姿をしたイエスさまを知って、
愛し、食べ物をあげ、服を着せて、宿を用意するために、
わたしたちには、今日だけがあるのです。
明日まで待ってはいけません。
今日、わたしたちが彼らに食べ物をあげなければ、
彼らは、明日はもういないでしょう。

1月6日

died of hunger

いつのことだったでしょうか。
ひとりの女性が子どもを抱いてやってきて、こう言いました。
「マザー、わたしは食べ物をもらいに、あちこち訪ねました。
わたしたちはこの丸三日間、何も食べていないのです。
けれど、人々は、
あなたは若いんだから、
自分で働いてお金を稼ぎなさい、と言って、
だれひとりとして何もくれようとしなかったのです。」
わたしは、急いで食べ物を取りに行きました。
そして戻ってきたとき、
子どもは彼女の腕の中で、飢えて死んでしまっていました。

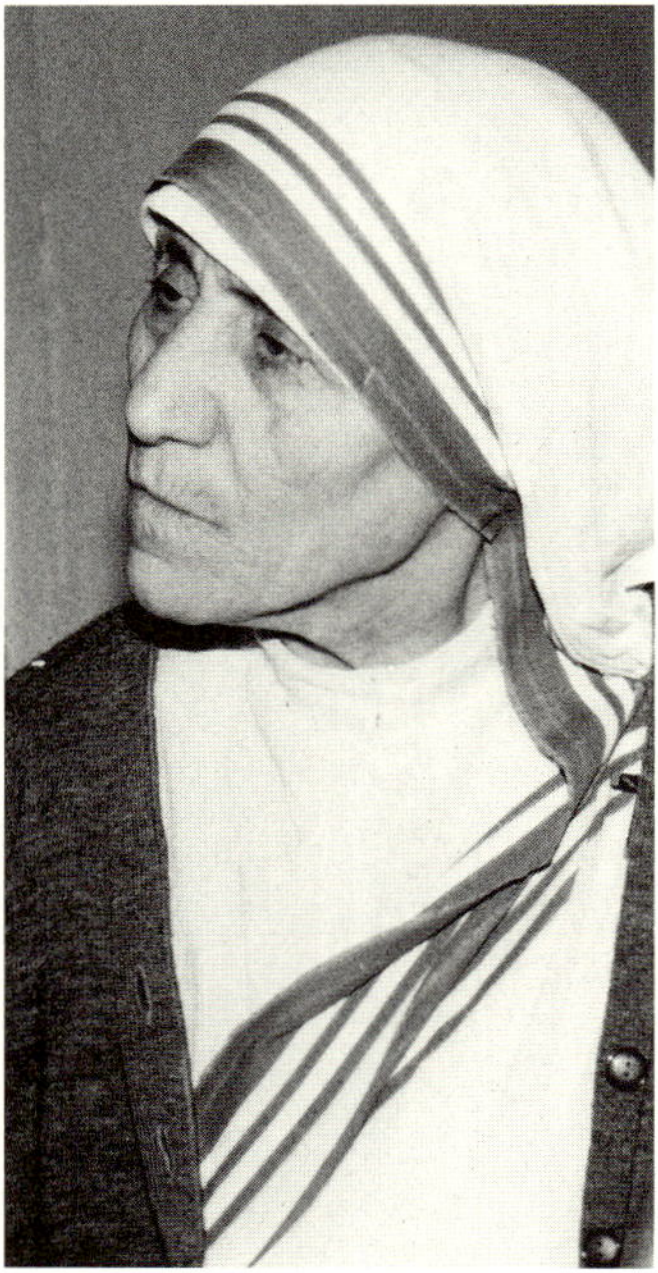

1月7日

●

starts from prayer

すべては、祈りから始まります。
愛する心を神にお願いすることなしには、
愛する心を持つことはできないし、
たとえ人を愛することができるとしても、
ほんのちょっぴりでしかないでしょう。
それはまるで、
今日人々が貧しい人たちについて、たくさんのことを言いますが、
貧しい人たちのことを知りもしないし、
彼らに話しかけたこともない、というのと同じようなものです。
わたしたちもまた、どう祈るのかをわかりもしないで、
祈りについて多くを語ることはできません。

1月8日

Our Father

どうしたら、祈れるようになるのでしょうか?
弟子たちがイエスさまにこう尋ねたとき、
イエスさまはなんのやり方も技術もお教えになりませんでした。
ただ、自分たちの愛する父親にするのと同じように、
神さまに語りかけなさいとおっしゃっています。
この祈りを唱え、そしてこの祈りを実行していきましょう。
「天におられるわたしたちの父よ、
み名が聖とされますように。
み国が来ますように。
みこころが天で行われるとおり、地にも行われますように。
わたしたちの日ごとの糧を、今日もお与えください。
わたしたちの罪をおゆるしください、わたしたちも人をゆるします。
わたしたちを誘惑におちいらせず、悪からお救いください。」

1月9日

simple prayer

イエスさまの教えてくださった、この祈りは簡潔ですが、
とても美しいものです。
この祈りは、ほんとうに、わたしにぴったりくるでしょうか？
わたしは、汚れのない開かれた心で、
この祈りを唱えることができるでしょうか？
この祈りにはすべてがあります。
神、わたし自身、わたしの隣人たち。
もしわたしが、人々をゆるすなら、
この祈りを唱えることができます。
それは、とても簡単なことなのです。
それなのに、わたしたちは、たくさんの余計なもので
自分たちの人生をとても複雑なものにしてしまっているのです。

1月10日

not to keep but to share

学生の皆さんへ

わたしは、祈ります。

たった今卒業された、ここにおられるすべての若い人たちが、
卒業証書を誇りとして生きていくのではなく、
どうか、愛する心と平安と喜びを人々にもたらしますように。
どこへ行っても、
あなたがたが人々への神の愛の輝き、永遠の幸せへの希望、
そして、愛する心の燃え盛る炎となりますように。
神からいただいたたまものを、人々に与えることができますように。
たまものは、取っておくためではなく、
分かち合うためにいただいているのですから。

1月11日

something beautiful for God

人々への思いやりの心を持ちましょう。
心の底から思いやりを感じるためには祈りが必要です。
特に、貧しい人たちを優しく愛しましょう。
わたしたちは、
貧しい人たちにたくさんのことをしている、と勘違いしがちです。
しかし、ほんとうはそうではなく、
わたしたちを豊かにしてくれるのは、彼らのほうなのです。
わたしたちには、
貧しい人たちから受けていることが、たくさんあるのです。
神さまのために、何かすばらしいことをしたいとは思いませんか？
ほら、あなたを必要とする人がそこにいます。
さあ、あなたのチャンスですよ。

1月12日

●

love homes

子どもたちの心に、
家庭に対する愛の心を植えましょう。
子どもたちが、
たくさんの時間を家族といっしょに過ごすようにしましょう。
もし人々がほんとうに家庭を愛するなら、
人間は、多くの過ちを避けることができるでしょう。

1月13日

●

God “is”

わたしは、神がわたしたちを通して、
この世界を愛してくださっている、と信じています。
あなたを通して、そしてわたしを通して、です。
わたしたちはマザー・テレサの名前を使っていますが、
それは単なる名称であって、
ほんとうは神の愛の共労者であり、神の愛の運び手なのです。
今日、神はわたしたちを通して、
この世界を愛しておられます。
特に人々が、
神を過去のものにしてしまっているこんな時代には、
あなたやわたしが、
愛する心、生活の純粋さ、深い思いやりの心を通して、
神は、今もいらっしゃるということを世界に証明するのです。

1月14日

●

God's love

神にわたしたちの愛を表すときに、
自分がみすぼらしくちっぽけで、
無力であることを恐れるのはやめましょう。
病気の人にあげる一杯の水、
死にかけている人を抱きあげること、
赤ちゃんに食べさせ、
知的障害を持つ子どもに教えること、
ハンセン病を患っている人に薬をあげること、
自分の家族にほほえみかける喜び。
これらすべてのことが、今日の世界における神の愛なのです。

1月15日

●

do for others

ミネアポリスで、
脳の障害で絶え間ない発作に苦しんでいる車椅子《くるまいす》の女性が、
尋ねました。
わたしのような者たちは、
いったい、どうしたら他人のお役にたてるのでしょうか、と。
わたしはこう言いました。
「あなたがたが、いちばんたくさんのことを、してくださるのです。
あなたがたは、
わたしたちのだれよりも、多くをすることができるのです。
あなたがたの苦しみは、
十字架上のイエスさまの苦しみとひとつなのです。
そしてその苦しみは、わたしたち皆を強めてくれるのですから。」
こうした絶えることのない分かち合い、
共に祈り、共に苦しみ、共に働くことを通して、
この世界に、すばらしい支援の輪が育《はぐく》まれているのです。

1月16日

●

second self

病気の人や体の不自由な人は、
体を使って働くということでは、
何も分かち合うことはできません。
そこで、こうした人たちは、
わたしたちの会のシスターやブラザーのひとりを選んで、
彼らが行うどんな働きにおいても、
自分の苦しみをささげながら、
完全につながりをもって貢献しているのです。
ふたりはまるでひとりとなるのです。
そしてお互いを、もうひとりのわたし、と呼び合います。
このまえ訪れたときに、もうひとりのわたしは言いました。
「あなたはこれから、歩きまわり、働き、人々に語り、
ますますたいへんな時を迎えようとしていることがわかります。
わたしの背骨の痛みが、そのことを語っています。」
そのとき、彼女は十七回目の手術の直前でした。

わたしが何か特別なことを実行するときはいつでも、
彼女がわたしの影となり、
それを成し遂げる力と勇気のすべてを、与えてくれるのです。

1月17日

●

clean of heart

神はわたしたちの中に住んでおられます。
あなたが汚れなく、聖い心でいるかぎり、
あなたがどこにいるかは関係ないのです。
汚れなく、聖い心とは、心が開かれている状態です。
開かれた状態とは、完全な自由、
つまり、どんな妨げや障害にもかかわらず、
神を愛することを可能にしてくれる無私の状態を意味するのです。
過ちが生活の中に入り込んでくると、
それは神とわたしたちの間で、本人の内部の障害となります。
過ちは、
わたしたちを囚われた者とすることにほかならないのです。

1月18日

●

“you do it to me”

お医者さま方へ

愛することの喜びを経験されたことはおありですか？
あなたがたはお医者さまとして、経験されるでしょう。
あなたがたはすばらしい機会をお持ちです。
病人が、ただ幾つかの薬をもらうためだけではなく、
あなたからの優しい愛と手当てを受けるために、
信用と信頼の気持ちを抱いてあなたのもとを訪れるとき。
それから、特にあなたが、貧しい人たちのお世話をなさるために
犠牲を払わなければならないとき、
愛する喜びを経験する、すばらしい機会をお持ちになるのです。
イエスさまはおっしゃいました。
「あなたが、
わたしの仲間のうちの、もっとも小さい者にすることはなんでも、
このわたしにすることなのだ。」

1月19日

being unwanted

この世界には、
肉体的、物質的、そして精神的な多くの苦しみがあります。
苦しみのあるものについては、
他人の欲深さを責めることができるでしょう。
肉体的、物質的な苦しみは、
飢えや、帰る家がないこと、さまざまな病気からくる苦しみです。
けれど、もっと大きな苦しみは、
だれもそばにいてくれない、孤独で愛されていないことなのです。
だれからも愛されないこと、
これこそが、人類が経験することの中で、
最悪の病気だということを、
わたしはますます確信するようになりました。

1月20日

●

weaker children

先生方へ

どうぞ、弱い子どもたちを、ほうっておかないでください。
知的障害のある子や、落ちこぼれの子どもたちの問題を、
よく考えてください。
もし、あなたがたが面倒を見てあげなければ、
彼らはこの社会でどんなことになるでしょう。
貧しい人たちの中でも、そこそこやっていける人たち、
より恵まれている子どもたちがいます。
こうした、子どもは、なんとかまだ居場所があります。
けれど、ほんとうに感覚が麻痺《まひ》したり、
反応もなく飢えきっている子どもたちがいます。
このような子どもたちのためにこそ、働かなくてはなりません。

1月21日

meek & humble

聖母マリアに、
御子がそうであったように、
わたしたちの心を
「柔和で謙遜」にしてくださるようお願いしましょう。
わたしたちは、
人からの屈辱を明るく受け止めることを通して、
謙虚さを学ぶのです。
学ぶチャンスを逃さないようにしましょう。
うぬぼれたり、ぶっきらぼうだったり、
気分屋だったり、自己中心だったり、
こんな自分でいることは、いともたやすいことです。
けれど、わたしたちは、
もっとすばらしいことのために創られたのです。
なぜ、心の美しさをだめにしてしまうようなことに、
自分を陥れるのでしょうか？

1月22日

carrier of God's love

このごろ、特に若い人たちが、知りたがっています。
あなたがたは、愛について、祈りについて語ります。
でも彼らは、
あなたがたがどのように愛するのか、どのように祈るのか、
そして、あなたがたにとって、
あわれみはどんな意味かを知りたがっています。
それが彼らの判断の仕方なのです。
あなたがたが、ほんとうにどのようにして、
神の愛の運び手である共労者の生き方を貫いているのか、
彼らは知りたがっています。

1月23日

●

humility

謙虚であるということは、
つねに神の偉大さと栄光の光を放っているということです。
謙虚であることを通して、
愛することができる人に成長するのです。
謙虚さは、聖性の始まりです。

1月24日

●

be at home

あなたの家族を、ほうっておいてはいけません。
もっと、家にいるようにしましょう。
今日多くの若者たちが、誤った方向へ向かっています。
彼らのおじいさんや、おばあさんは、
どこかの施設に入っていますし、
子どもたちが学校から帰ってきても、
母親は、家にいられないほど忙しいからです。
つまり、家には子どもたちを受け入れて、
いっしょに遊んでくれる人がだれもいないのです。
それで、麻薬やお酒や、
その他いろいろな誘惑が待ち構えている路上へと、
出かけていくのです。
どこでも同じ状況です。
すべてのことは、
わたしたちがいかにお互いに愛し合うか、にかかっているのです。

1月25日

●

adoption against abortion

どうか、その子を殺さないでください。
わたしは、その子が欲しいのです。
わたしは、中絶されそうになったどんな子どもでも、
喜んで受け入れています。
そして、その子を愛し、その子に愛されるような、
結婚しているご夫婦に、その子をお願いしています。
コルカタのわたしたちの養護施設だけでも、
三千人を超える赤ちゃんを、中絶から救ってきました。
これらの子どもたちは、
養子受け入れ先の両親に、かけがえのない愛と喜びをもたらし、
あふれる愛と喜びの中で、すくすくと育っているのです。

1月26日

●

as empty as possible

与えるものが何もないときは、
神に、その「無そのもの」を差し出しましょう。
できるかぎり自分が空っぽでいられるように。
そうすれば、神がわたしたちを満たしてくださいます。
たとえ神さまでも、
もうすでにいっぱいになっているものを、
満たすことはできません。
神は決してご自分を、
わたしたちに押しつけたりなさいません。
あなたがたは、神が与えてくださった愛で、
この世界を満たしているのです。

1月27日

●

conscience

神が、わたしたちの行く道に、
必ず幾人かの魂を置かれるということは、
その人たちのために
何かしてほしいと思っておられるというサインです。
それは、チャンスなどというものではありません。
神のご計画なのです。
わたしたちは、その人たちを助けようとする心によって、
神のご計画に結ばれているのです。

1月28日

●

to listen

わたしたちの共労者たちのなかに、
小さな「リスニング・グループ」があります。
彼らは、お年寄りを訪ね、
いっしょに座って、お年寄りにお話をしてもらうのです。
彼らは、三十年前の話をしなくてはならないとしても、
自分たちの話を聞いてくれる人がいることを、
喜んでいます。
だれも聞いてくれる人がいないとき、
聞くことは、ただそれだけで、
とてもすばらしいことなのです。

1月29日

●

easy & difficult

家庭の外で人々にほほえむのは、たやすいことです。
あまりよく知らない人をお世話することは、
実はとてもやさしいことなのです。
あなたの家の中で毎日会っている家族を、
思いやりをもって、
優しく、ほほえみを忘れずに愛しつづけることは、
とてもむずかしいことです。
特に疲れていたり、イライラしていたり、
機嫌が悪かったりするときは、なおさらです。
だれにでも、そんなときがあります。
そんなときこそ、苦しむ姿のうちに救い主が、
わたしたちのところにきておられるのです。

1月30日

●

true love

真の愛は、いつも傷つきます。
人を愛することや、人と別れることは痛みを伴います。
あなたは彼らのために、
死ななければならないかもしれません。
人々は結婚するとき、
お互いのためにすべてを捨てます。
子どもを産むとき、
母親は苦しみます。
それでこそわたしたちは、
ほんとうに愛することができるのです。
「愛」という言葉は誤解され、間違って使われています。

1月31日

●

cheerful giver

いやいやながらとか義務と感じながらではなく、
一人ひとり、自分自身で決心したときのように、
喜んで与えなくてはなりません。
神は、喜んで与える人を愛しておられるからです。
神は、喜んで与える人に多くの恵みをお与えになります。
奉仕の場で、ほほえみながら、
喜んで貧しい人たちを受け入れることがむずかしいと感じるなら、
いつでも、こう思いなさい。
神と人々に感謝を表す最善の方法は、
すべてのことを喜んで受け入れる、ということなのだ、と。

2月

February

2月1日

●

love one another

神はあなたを愛しておられます。
神があなたを愛してくださるように、
わたしたちも互いに愛し合いましょう。
愛とは分かち合うこと、
わたしたちにある最善のものを与えることです。
わたしたちは、神の愛の運び手です。
そして、あなたがだれであれ、
あなたも神の愛の運び手になれるのです。

2月2日

●

love in action

愛は、愛するというだけでは、
何も残すことができません。
それだけでは意味がないのです。
愛は、行為に表れるものです。
そして、その行為は奉仕です。
愛のほんとうの意味は、
神との結びつきからでなければ、わかることができません。
その神との結びつきから、
家族への愛、周りの人たちへの愛、貧しい人たちへの愛、
これらが自然に実を結ぶのです。

2月3日

pray while you work

仕事の最中でも、祈ることはできます。
仕事は祈りを妨げないし、
祈りもまた、仕事を妨げることはないのです。
ただほんの少しだけ心を神に向けるだけでよいのです……。
愛しています、お任せしています、信じています、
神よ、わたしは今あなたが必要です、
こんな感じでいいのです。
これはすばらしい祈りです。

2月4日

●

special love for doctors

お医者さま方へ

わたしはあなたがたに特別な愛を持っています。
あなたがたのお仕事は、単なる専門職ではなく、
まさに、神から与えられた天職です。
苦しんでいる人々への神の愛、
神のあわれみ、神の癒《い》やしの力としての天職です。
神はあなたを、特別なご計画をもってお選びになったのです。
お医者さまであるということは、
相手が豊かな人であれ貧しい人であれ、
病気はすべての人を不意に襲うので、
彼らのもとに出向き、
苦しんでいる一人ひとりの中におられる
神ご自身にふれることです。

2月5日

●

spiritually rich

わたしたちが排水溝から引き上げた男性は、
体の半分を虫に食べられている状態でした。
カリガートにある『死を待つ人の家』に連れてくると、
彼はこう言いました。
「わたしは、これまで道端で獣のように生きてきました。
それなのに今、愛され、手当てを受け、
まるで天使のように死んでいきます。」
彼の体から虫をすべて取り除くと、
満面にほほえみをたたえて、こう言いました。
「シスター、神さまの家に帰ります。」そして、亡くなりました。
だれを恨むでも、何かを比べるでもなく、
あのように言うことができる人間の偉大さを見るのは、
ほんとうにすばらしいことでした。
これこそ、どんなに物的に貧しいときでも
霊的に豊かでいられる人間の偉大さ、と言うことができるでしょう。

2月6日

cheerfulness

心から喜んで「与える人」は、
人々に、すばらしい恵みを与えることのできる人です。
快活さは、寛容で、自分を抑えることができる人の特徴です。
自分が行うすべてのことを、
神をお喜ばせすることに集中し、
自分自身を含めたすべてのことを、
忘れることのできる人です。
快活さは、
しばしば犠牲をささげる生活を覆い隠すマントであり、
神との絶え間ない一致そのものなのです。

2月7日

His mercy

神の愛が、
罪の不幸や、
世界を分断している恐怖・葛藤《かっとう》・緊張のすべてよりも、
無限に力があり、
神の慈しみが、もっと優しいものであることを、
わたしたちは、ほんとうに信じているのでしょうか？
もちろん、人間の手や心が作り上げた、
もっとも強力な爆弾や銃などは、比べものにもならないことを。

2月8日

●

forgiveness

だれかを傷つけたとわかったら、
まず先に謝る人になりましょう。
わたしたちにはゆるし合うことが必要だ、とわからなければ、
人をゆるすことはできません。
この、ゆるすことこそが、愛の始まりなのです。

2月9日

●

I forgive my son

かつてわたしは、ゴミ溜めの中から、
ひとりの女性を拾いあげました。
彼女は非常に高い熱を出していました。
彼女の最後の日々、言いつづけた嘆きはたったひとつ、
「息子がわたしをこんな目に遭わせた」と。
わたしは、彼女に頼みました。
「息子さんをゆるしましょう。
怒り狂ったような瞬間に、
彼は彼自身ではなくなってしまったのですよ。
だから、後悔するようなことを、しでかしてしまったのです。
息子さんの母親でありつづけてください。
彼をゆるしてあげてください。」
とても時間がかかりましたが、
彼女はとうとうこう言いました……。
「息子をゆるします。」

わたしの腕の中で死ぬ直前に、
ゆるしの心をもって、こう言うことができました。
彼女は自分が死んでいくことを、
まるで気にかけていませんでした。
わたしにとって何ともつらかったのは、
息子が母親を拒否していたことでした。
でも、これが、
あなたも、わたしも知っている現実のひとつなのです。

2月10日

●

thoughtfulness

思いやりのある行為へのもっとも確かな近道は、
言葉を使うことです。
ただし、他人へのよいことのために使いましょう。
もしあなたが、人のことをよく考えるのならば、
人についてもよく話すようになるでしょう。
言葉の暴力はとても恐ろしいものです。
どんなナイフよりも鋭く人を傷つけます。
言葉によって傷つき生まれた悲痛な苦しみは、
神の恵み以外には、癒やすことはできません。

2月11日

●

25 acts for love

毎日、たくさんの手紙にサインをしなくてはならないので、ときどきとても疲れます。

それで、わたしはイエスさまと契約しました。

"God bless you. Mother Teresa MC"

この一行に二十五文字あります。

ですから、契約によって、

わたしは二十五の愛の行為をこの手紙を受け取る方にささげた、ということになるわけです。

2月12日

●

spiritual deserts

親御さん方へ

わたしたちの世界の広大な領域が、
霊的な砂漠に覆われています。
自暴自棄になっている若者をいたるところで見るでしょう。
これは、彼らの心の奥深いところまで影響を与えてしまうほどの、
壊れた人間関係の結果です。
たとえ若者たちが霊的な生活に渇いているとしても、
彼らのほとんどは猜疑心《さいぎしん》にさいなまれているのです。
神に信頼を置くことができないし、
また、信じることもできないでいるのです。
信用してきた人たちの生き方を、
信頼できなくなってしまったからです。
両親の離婚は、
幼児期や思春期の子どもたちの純真な無邪気さに、

傷をつけてしまうでしょう。
その結果が、疑いと幻滅です。
彼らはこのように感じています。
生きている目的は、いったいなんだっていうんだ?
人生はまだ何か意味のあることだっていうのかい?

2月13日

●

love & faith

わたしは、
主を、み言葉のままに受け止めています。
信仰は神の贈り物です。
信仰なしには、人生の意味はないでしょう。
わたしたちの働きが実り多く、
美しいものであるためには、
それらが信仰の上に築かれている必要があるのです。
愛と信仰は共にあるべきものです。
それらは互いに完成し合うのです。

2月14日

●

do not worry

あらゆる困難や、疑いや、障害にもかかわらず、
神に信頼しましょう。
神は決してあなたを裏切りません。
ある願いをかなえてくださらないときは、
神が、そのことをお望みではないというしるしです。
もし神が、あなたにそれをしてほしいとお望みなら、
その手段を与えてくださるでしょう。
ですから、何も心配することはないのです。

2月15日

●

a simple duty

聖性は、神のご意志を受け入れることです。
聖性は、限られた人たちの特権ではないのです。
聖職者たちだけのものでもありません。
それは、あなたにとっても、わたしにとっても、
まったく同じなのです。
それは、単純な務めといえるでしょう。
あなたが愛することを学ぶならば、
あなたは聖性を学ぶのです。
そして、ほんとうに愛することができるようになるために、
あなたは祈らなくてはなりません。
聖性に向かうということは、
神と、わたし自身にかかっているのです。

2月16日

●

human love

今日の人々は、愛に飢えています。
愛だけが、孤独とひどい貧困に対する唯一の答えとなるのです。
飢える心配をする必要のない国もあります。
けれど人々は、ひどい孤独とひどい絶望、
ひどい恐怖心にさいなまれています。
彼らは、だれからも求められていないという、
拒絶される悲しみと、
救いようもなく、希望のかけらもない気持ちを感じているのです。
こういう人たちは、ほほえむことすら忘れてしまっています。
そして、人間同士のふれあいの美しさも忘れてしまっています。
人の愛など、とうの昔に忘れ去っています。
こうした人たちには、彼らのことをわかろうとし、
大切にしてくれる、だれかが必要なのです。

2月17日

●

He is with you

遠いところに、イエスさまを探すのはおやめなさい。
イエスさまは、そこにはおられません。
イエスさまはあなたのそばに、あなたと共におられるのです。
つねにあなたの灯をともし、
いつでもイエスさまを見るようにするだけです。
あなたのその灯を、
絶えず小さな愛の滴で燃えつづけさせましょう。
そうすれば、あなたにも、あなたのお愛しする主が、
なんと甘美で心地よいお方かがわかるでしょう。

2月18日

●

God is love

神は、まったく純粋です。
何もその純粋さを汚すことはできません。
わたしは、神が憎むことができると思いません。
神は愛であり、
惨めで罪に満ちたこのわたしたちを、
愛してくださっているのですから。
神こそが愛すべきお父さまであり、
わたしたちは神にのみ向かうべきです。
神は憎みません、神は愛します、神は愛だからです。
けれど、わたしたちの不純さは、神を知る妨げとなるのです。

2月19日

absent in the eyes

コルカタには、
いくつかの目に見える『死を待つ人の家』があります。
他の国では多くの若者が、
目に見えない『死を待つ人の家』にいます。
目には見えないけれど、それはほんとうのことです。
放蕩《ほうとう》息子のたとえ話をしているとき、
ニューヨークの男の子が言いました。
「ぼくのうちではね、
家族を捨てたのは、息子じゃなくて、父親のほうなんだ。」
物質的には、何不自由なく育てているかもしれないけれど、
子どもたちの目から見ると、
まったく存在していないような両親が実際にいるのです。

2月20日

●

joy of giving

あるとき、物乞いをしている人が、
わたしのところへきて、こう言いました。
「みんな、あなたに何か差し上げています。
わたしも何か差し上げたいんです。」
そして彼は、十パイサのコインを差し出しました。
もし、わたしがこのコインを受け取ったら、
彼は飢えることになるでしょう。
けれど、もし受け取らなければ、
彼はきっと悲しむでしょう。
わたしは受け取りました。
そのとき、わたしは、彼からのこの贈り物は、
ノーベル賞よりもずっとすばらしい、と感じたのです。
彼は、持っているすべてを差し出してくれたからです。
わたしは、彼の顔にはっきりと、
与える喜びを見ることができました。

2月21日

●

non-violence

ガンジーは、神が彼を愛したように人々を愛しました。
ガンジーについてのもっとも美しいことのひとつで、
わたしの心を打ったのは、
彼は非暴力と、貧しい人たちへの奉仕を、
神への愛の奉仕と同等にみなしたことです。
ガンジーは言っています。
「貧しい人たちに奉仕する者は、神に奉仕する者である。」
ガンジーの非暴力主義は、
わたしの理解では、
銃器や爆弾などの武器を使わない、というだけではありません。
まず、わたしたち自身の家に、
愛と平和とあわれみが必要だと言っています。
そして、もしその同じ愛や、あわれみの心を
家の外でもお互いに持つことができれば、
非暴力主義が広がっていくということです。

イエス・キリストは、何度も繰り返しおっしゃっています。
「互いに愛し合いなさい、
わたしがあなたがたを愛しているように。」

2月22日

●

little pencil

わたしは、自分が特別な素質を持っているとは思いません。
わたしはこの仕事に対して、何も要求していません。
これは神のみ業なのです。
わたしは、ただ神の手の中の小さな鉛筆に過ぎません、
ほんとうに、ただそれだけです。
神がお考えになります。
神がお書きになります。
わたしという鉛筆は、
それに対して何もすることはありません。
鉛筆は、ただ使っていただくことを、
許されているだけなのですから。

2月23日

●

peace in the world

すべての愛の働きは、平和の働きです。
わたしたちは平和をもたらすために、
爆弾や銃を必要としません。
ただ、愛とあわれみの心が必要なのです。
けれど、もうひとつ必要なものがあります。
それは、深い深い神とのつながり、祈りです。
わたしたちはここに、
平和とは何かを学ぶために集まっています。
その平和を人々に与えるためには、
次のことを学び、理解しなくてはなりません。
それは、わたしたちの心が神で満たされていない限り、
他の人に愛や平和を与えることはできず、
この世界に真の平和はないだろう、ということです。

2月24日

prayer for peace

アッシジのフランシスコの平和の祈りを唱えましょう。
この祈りが、わたしたち自身のものとなりますように。

主よ、わたしを、あなたの平和の道具としてください。
憎しみのあるところに、愛を、
不当な扱いのあるところに、ゆるしを、
分裂のあるところに、和解を、
誤りのありところに、真実を、
疑いのあるところに、信頼を、
絶望のあるところに、希望を、
闇《やみ》のあるところに、光を、
悲しみのあるところに喜びを、
もたらすことができますように。（つづく）

2月25日

●

by forgiving

主よ、どうかわたしに、慰められるよりも慰めることを、
理解されるよりも理解することを、
愛されるよりも愛することを、
人々にもたらすことを求めさせてください。
自分を忘れることによって、自分を見いだし、
ゆるすことによって、ゆるされ、
死ぬことによって永遠の命に生きるのですから。
アーメン。★

★訳者注　一般に『平和の祈り』はフランシスコの作とされているが、その精神を汲んで作られた祈りである。一九一六年にヴァチカン発行の『オッセルヴァトレ・ロマーノ』紙で公認された。

2月26日

greater aim

あなたや、わたしは、
もっとすばらしいことのために創られているのです。
この人生を何の目的もなく通り過ぎるために、
創られたのではありません。
そのもっともすばらしい目的とは、
人間は、生き、そして愛されるということなのです。
対象が何であれ、知らなければ愛することはできません。
知ることが愛へ導き、愛は奉仕に導きます。

2月27日

●

sharing in my work

あるとき、高価なサリーを身につけた女性が訪ねてきて、こう言いました。「マザー、わたしにも、あなたのお仕事をさせていただきたいのです。」

わたしはその瞬間に祈りました。

わたしの働きを手伝いたいという彼女の申し出に対する、答えを求めて祈ったのです。そしてこう言いました。

「そのサリーから始めましょう。

あなたが毎月安いサリーを買うことで貯めたお金を、貧しい人たちのために持ってきてください。」

そこで彼女は、安いサリーを買うようになり、いつの間にか彼女の生活自体も変わった、と言いました。

こうして彼女は、ほんとうの分かち合いの意味を知り、こう言ったのです。

自分が差し出したよりもずっと多くのことを、貧しい人たちから受け取った、と。

2月28日

●

Jesus in my heart

時間になっても祈りに集中できないとき、
簡単な解決法があります。
心の中にいらっしゃるイエスさまに、
どうか、わたしのために祈ってください、
静けさの中で、どうか、天のお父さまにお話しください、
とお願いすればいいのです。
話すことができないときには、
イエスさまがわたしのために話してくださいます。
祈れないときはイエスさまが祈ってくださいます。
ですから、わたしたちはこう言うのです。
「わたしの心におられるイエスさま、
わたしは、あなたの忠実な愛を信じています。」

3月

March

3月1日

●

for greater things

神は、わたしたちを、
愛し、愛されるために、創ってくださいました。
そしてこれが、祈りの始まりです。
神がわたしを愛していらっしゃる、
ということがわかるために、
わたしがもっと偉大なことのために創られた、
ということがわかるために。

3月2日

●

bring prayer back

愛すること、希望することを、どのように始めましょうか？
いっしょに祈る家族は、いつもいっしょにいます。
そして、いつもいっしょにいれば、
自然とお互いに愛し合い、必要とし合うようになります。
今日、祈りを生活に取り戻す必要があると、
わたしは感じています。
あなたのお子さんに祈りを教えてあげてください。
そして、いっしょに祈ってください。

3月3日

not forget you

神はわたしたちに、なんと言っておられるでしょうか。
「わたしは、あなたの名を呼ぶ。
あなたは、わたしのもの。
水はあなたを溺《おぼ》れさせず、炎はあなたを焼くことはない。
わたしは、あなたのために国々を身代金とする。
あなたは、わたしにとってこの上なく貴く大切な者、
わたしは、あなたを愛している。
たとえ、母親が自分の子どもを忘れることがあったとしても、
わたしは、あなたを決して忘れはしない。
わたしは、自分の手のひらに、あなたの名を刻みつける。」
あなたのところへくる人たちもまた、
神にとってこの上なく貴く大切なのです。
彼らが聖性の輝きに満たされるよう手伝いましょう。
聖性は、
決して限られた人たちに約束された特権ではないからです。

聖性に到達することは、
あなたにとって、わたしにとって、
そしてすべての人にとって、まぎれもない務めなのです。

3月4日

clean heart

もしほんとうに愛したいのなら、
ゆるすことを学ばなければなりません。
ゆるし、そして、ゆるしを請うこと。
責めるのではなく、ゆるしますと言うこと。
まず和解し、一致しましょう、
他の人たちとではなく、まず自分と。
それは、自分の中に清い心を持つことから始まります。
清い心は、
他の人々の中におられる神を見ることができるからです。
わたしたちは、神の愛を輝かさなければなりません。

3月5日

●

joy is infections

だれでも、あなたのところにきた人が、
前よりもっと気分よく、
もっと幸せな気持ちで帰ることができるように。
あなたの顔やまなざし、あなたのほほえみに、
親切を見ることができますように。
喜びは、わたしたちのまなざし、
ことばや振る舞いにあらわれます。
それは決して隠すことはできません。
それは外に作用します。
喜びは、とても伝わりやすいものなのですよ。

3月6日

●

unborn child

神がここにおられること、
そして、どんなにわたしたちを心にかけてくださっているかを
感じることは、
とてもすばらしいことです。
この喜びを、ぜひみんなと分かち合いましょう、
もう一度、家族を中心とした生活に戻りましょう。
あなたがたと、あなたがたの国のために、
わたしは次のように祈ります。
わたしたちが神の愛の大きさに気づきますよう、
また、神がその愛によって、
世界と人々への贈り物である
小さな胎児の命を守ってくださいますように。

3月7日

●

pray for each other

祈りは喜びです。
祈りは神の愛の輝きです。
祈りは永遠の幸せの希望です。
祈りは、あなたや、わたしに向けられた神の愛の燃える炎です。
互いに、いっしょに祈りましょう。
これこそが、互いに愛し合う、
もっともすばらしい方法なのです。

3月8日

●

by praying

どのように、祈りを学ぶのでしょう?
祈ることを通してです。
もし、祈り方がわからないとすれば、
祈りはとてもむずかしいものです。
祈りを学ぶよう、お互いに助け合いましょう。
神が、愛するあなたを心にかけておられることを、
徹頭徹尾、信じきって祈りなさい。
あなたが喜びで満ちあふれ、
言葉なしでそれが伝わるほどに、
あなたを神にお任せしなさい。

3月9日

●

open your eyes

「あなたの目を開いて、その目でしっかり見てください。」
飢えは、食べ物がないことだけではありません。
今この世界には、
愛を知らないことの〈飢え〉、
神のみ言葉への〈飢え〉があります。
裸なのは、着る物についてだけではありません。
裸であるということは、
人間としての尊厳を失うことなのです。
清らかさという美しい人間の徳を失うことなのです。
これらのことは、
今日の世界でとても間違って使われています。

3月10日

●

small action

わたしはあのときのことを、絶対に忘れることはないでしょう。
ある日、ロンドンの街を歩いていて、
ひとりの男性がとても寂しそうに、
ポツンと座っているのを見かけました。
わたしは彼のところへ歩いていって、彼の手を取り握手しました。
彼は大声でこう叫んだのです。
「ああ、人間のあったかい手に触れるのは、
ほんとうに、何年ぶりなんだろう！」
彼の顔は喜びで輝いていました。
彼は、ついさっきとは、まったく違った存在になっていました。
自分のことを大切に思い、共にいたいと思ってくれるだれかが、
この世にはいるのだということを、感じてくれたのでしょう。
わたしは、この経験をするまでは、このような小さな行為が、
これほどまでに喜びをもたらしてくれるなんて、
まったくわかっていなかったのです。

3月11日

●

love & hearts

お金をあげるだけで、満足するのはやめましょう。
お金だけでは十分ではないのです。
お金なら、手に入れることもできます。
わたしは多くの人たちに、
もっとその手を使って奉仕をし、
心で愛してほしいのです。
どんな国にも、街にも、家庭にも、
あなたの奉仕や愛を必要としている、
貧しい人がいることに気づいてください。
そういう人々のもとへ行き、
もっとも求められているところで、
愛と思いやりの心で、与えましょう。
皆と、愛することの喜びを分かち合いましょう。

3月12日

●

give until it hurts

イエスさまが十字架上で亡くなられるとき、
「渇く」とおっしゃいました。
イエスさまは、わたしたちの愛に渇いていらっしゃるのです。
そして、このことは、豊かな人でも貧しい人でも、
わたしたち皆が感じている渇きなのです。
わたしたちは皆、愛に渇いています。
ですから、互いに傷つけ合うのではなく、
よいことをするために、
自分から出て行動しなければなりません。
痛むまで与える愛、
これこそが、ほんとうの愛の意味です。

3月13日

the poor with you

あるとき、こう尋ねられました。
もし突然、
貧しい中でももっとも貧しい人たちに、
必要なことがすべて満たされるとしたら、
あなたは残りの人生をどう過ごされますか？
わたしは答えました。
「職を失った多くの人々と同じように、
わたしたちは失業者になるでしょう。」
けれど、イエスさまはおっしゃいます。
「貧しい者は、いつもあなたの周りにいる。」

3月14日

●

my “business card”

毎日、ほんとうに大勢の方々が、
コルカタのマザーハウスを訪れます。
わたしがこの方々にお会いするとき、
いつもわたしの名刺（ビジネス・カード）をさしあげます。
そのカードには、こうあります。
沈黙の実は祈り、
祈りの実は信仰、
信仰の実は愛、
愛の実は奉仕、
奉仕の実は平和。
これは、ほんとうによいビジネスだと思いませんか？
人々はカードの意味を考えるようです。
ときどき、意味を教えてくださいと言われます。
でも、わかるでしょ。
すべては祈りから始まるのです。

その祈りは、わたしたちの心の静けさの中に生まれるのです。
お互いに、祈る必要を感じて、
どのように祈りを見いだしたかという経験と、
その祈りの実は、
あなたの人生にとって何だったのかということを、
分かち合うことができます。

3月15日

●

one big family

わたしの心はほんとうに清いだろうか?
黒い肌の人、白い肌の人、
裸の人、ハンセン病で苦しんでいる人、死んでいく人、
これらのわたしの兄弟姉妹の中に、
神のみ顔を見ることができるほどに、
わたしの心は清いだろうか?
だからこそ、わたしたちは祈らなくてはならないのです。
神はわたしたちの中に住んでおられ、
わたしたちを聖なるものにしてくださったのですから。
わたしたちはお互いに兄弟姉妹、
神の子どもたちの、ひとつの家族なのですから。

3月16日

●

you do it for Him

イエスさまのおっしゃったことを、覚えておきましょう。
「あなたが、わたしの兄弟のもっとも小さなひとりにすることは、どんなことも、すべてわたしにすることなのです。」
ちょっと考えてみましょう――。
独りぼっちの人に、あなたが向ける小さなほほえみ、
目の不自由な人が道を渡るとき、あなたが差し出す手、
おなかのすいている人のために、
ちょっと我慢して差し出した食べ物。
これらはみんな、
あなたが、イエスさまにしているのです。

3月17日

●

spiritual poverty

ある施設を訪ねたときのことを、忘れることができません。
そこは、息子や娘が、自分たちの年老いた両親を入居させ、
おそらくは思い出しもしない、そんな所でした。
そこにいるお年寄りは、なんでも持っていました。
おいしい食事、快適な場所、テレビ、なんでもです。
けれど、みんな一様にドアの方を見つめているのです。
それに、だれひとりとして笑顔の人はいませんでした。
わたしはその施設のシスターに尋ねました。
「なぜ、だれもほほえみ合わないのですか?」
わたしは、わたしの施設で、
人々のほほえみを見ることに慣れています。
たとえ、今死んでいく人であっても、
その顔にはいつもほほえみがあるのです。
シスターは言いました。
「ここでは、ほとんど毎日がこうなのです。

お年寄りは、皆さん、待っているのです。
自分の息子や娘たちが、
いつか訪ねてきてくれることを願っているのです。」
このような、愛への無関心は、
霊的・精神的な貧困をもたらします。

3月18日

●

the fruit of love

祈りの実は、愛を深め、信仰を深めます。
もし信じるなら、祈ることができるでしょう。
愛の実は奉仕です。
ですから、愛の働きは、いつでも平和の働きなのです。
自分たちの心と手を、
愛する奉仕の働きに使うことができるようになるためには、
神を知らなくてはなりません。
神は愛であって、わたしたちを愛し、
わたしたち一人ひとりを、すばらしいことのために創られた、
ということを知らなければなりません。

3月19日

●

if you are humble

もし、あなたが謙虚であるなら、
何ごともあなたの心を汚さないでしょう。
もし、あなたが聖人であるなら、
神に感謝しなさい。
もし、あなたが罪人であるなら、
そのままでいてはいけません。

3月20日

share with the poor

ある紳士が、
インドから貧困を取り除くために、
わたしたちは何をすべきでしょう、と尋ねました。
わたしは、こう答えました。
もし、あなたが貧しい人々を愛しているのなら、
彼らと分かち合わなくてはなりません。
もし、あなたが貧困を取り除きたいのなら、
貧しい人たちと分かち合ってください。

3月21日

●

God's desposal

神は、ご自分の独特のなさり方で、
人間の心に働きかけます。
わたしたちには、
その人たちが、どれほど神に近いのかはわかりません。
けれど、彼らの行為から、それを窺《うかが》い知ることができます。
彼らが神に温順か、そうでないのか、を。

3月22日

●

if mother can kill

殺人や戦争や虐殺や憎悪の話を耳にしても、
驚くことではありません。
もし母親が、
おなかにいる子どもを殺すことができるような世の中ならば、
互いに殺し合うこと以外に、
わたしたちにはいったい、何が残されているのでしょう。

3月23日

●

work of love

わたしは、わたしたちの働きを、
ビジネスにしたくはありません。
この働きを、愛の働きのままにしておきたいのです。
神は、決してわたしたちを困らせたりはなさらない、
という全き信頼を、あなたがたに持ってほしいと思っています。
神を、そのみ言葉どおりに受け止め、
まず神の国を求めなさい。
そうすれば、他のことはすべて与えられるでしょう。
喜び、平和、一致は、お金よりもずっと大切なことです。
もし神がわたしに何かさせたいとお望みなら、
神はその手段を与えてくださいます。

3月24日

●

go home to God

この働きを始めたころのことを思い出します。
ある日、ひどい高熱で意識が朦朧《もうろう》とした中で、
わたしは天国の門の聖ペトロの前にいました。
彼はこう言ったのです。
「戻りなさい。天国にスラムはない！」
わたしは憤慨してこう言い返しました。
「わかりました！　では、これから、わたしがスラムの人たちを
天国に送りつづけましょう。
そうすればあなたも、そこにスラムを持つことになるでしょう。
その後で、あなたはわたしを、
そこへ入れなくてはならなくなりますよ。
わたしたちは、みんな神の家に戻るのですから。」

3月25日

●

to forgive & to forget

ご受難のとき、
イエスさまは、
愛をもってどのようにゆるすことができるのか、
謙遜をもってどのように忘れることができるのか、
ということを教えてくださいました。
救い主のご受難の週のはじめに、
わたしたちの心をよくよく吟味してみましょう。
だれかをゆるしていない痛みはないか、
だれかからゆるしてもらっていない悲しみはないか。

3月26日

●

no more rice

コルカタで、わたしたちは毎日九千人のお世話をしています。
わたしたちが食事を用意しなければ、彼らは食べられないのです。
ある日、シスターがきて言いました。
「マザー、金曜日と土曜日の分のお米がもうありません。
これを、皆に知らせなければ。」
しかし金曜日の朝九時ごろ、パンを満載したトラックがきたのです。
インド政府が何かの理由で休校にしたので、
なんと、給食用のパンが全部わたしたちのところに届けられ、
そしてその二日間、わたしたちがお世話している人たちは、
パンまたパン、そして、パンを食べたのです。
わたしには、神がなぜそれらの学校を休みになさったのか、
わかっていました。
この何千という人たちは、神が、自分たちを愛しておられること、
面倒をみてくださっているということを、
よくわかったにちがいないのです。

3月27日

learn to listen

もし、ほんとうに祈りたいのなら、
まず聴くことを学ばなければなりません。
心の静けさの中で神は語りかけられるのです。
そして、その静けさがわかり、神を聴くことができるには、
清い心が必要なのです。
さあ、わたしたちに語りかけられる神に耳を傾けましょう。
まず聴くことができなければ、
神との関係ができなければ、
神に話しかけることはできません。
心が深く神に満たされると、
自然と言葉や思いが、わき出てくるのです。

3月28日

●

prize-giving day

ノーベル平和賞受賞式の日の主役は、わたしではありません。
ここにいるすべての人々をひとつにするために、
イエスさまが
わたしを道具として使ってくださっているだけなのです。
神を必要として、人々はここに集まっているのです。
わたしにはそのように見えます。
すばらしいことに、ここには宗教的な雰囲気があり、
人々がみんな、神について語っているということです。
これは、わたしにとって、ほんとうにすばらしい体験でした。
この大勢の人々がここに集い、
神について語り合うことは、とても美しいことです。
世界への新しい希望です。

3月29日

●

self-knowledge

自分自身を知ると、
ひざまずきたいような気持ちになります。
そしてそれは、
愛するために、まさに必要なことなのです。
神を知ることは、愛を与え、
自分を知ることは、謙虚さを与えます。

3月30日

●

how much love

愛には限界がありません。
神は愛であり、愛は神だからです。
ですから、あなたがほんとうに神の愛のうちにいるなら、
神の愛は無限なのです。
だからこそ、こう言うのです。
どれだけたくさんのことをするかが問題なのではなく、
どれだけたくさんの愛をその行為にこめるかが大切なのです。

3月31日

●

spiritually dead

神の前では、わたしたちは皆貧しい者です。
それぞれ何らかの障害を持っていると言えます。
それが外から見える場合もあり、
見えない内部の障害の場合もあるのです。
健康な人のほうがほとんど死にかけていたり、
また実際に死んでいく人よりも、すでに死んだような状態にある、
ということがあるかもしれません。
そういう人たちは、目には見えないだけで、
霊的に死んでいるのです。

4月

April

4月1日

●

take a photo

わたしは写真を撮られるのが好きではありません。
でも、わたしはどんなことでも、
神の栄光のために使うことにしています。
カメラマンに写真を撮ることを許すたびに、
イエスさまに、
だれかひとり、天国に入れてくださるようお願いしています。

4月2日

●

grow in holiness

イースターの準備として必要で、よいことは、
もしも神から離れていたのなら、神のもとへ戻ることです。
神は、わたしたち一人ひとりを
限りない優しさと、まったく個別な愛で愛しておられるのです。
神のわたしへの憧《あこが》れは、
わたしの神への憧れよりもっと深いのです。
もしも、わたしたちがほんとうに謙虚なら、
何がわたしたちを神から離してしまっているのかがわかって、
それを取り除きたいと思うでしょう。
この四旬節に、あなたが清い心を育みたいと思うのならば、
あなたの手をマリアさまに差し出して、
柔和で謙虚にしてくださるようお願いしましょう。

4月3日

one person

わたしたちのしていることは、
大海の一滴に過ぎないと感じています。
けれど、もしその一滴がなければ、
海はその一滴分、確かに少ないということです。
わたしたちは数や量では考えません。
いつもそのとき、たったひとりの人を愛しているのです。
どんなときでも、
いつも、ひとりのその人に集中してお世話をしているのです。

4月4日

●

devotion

愛の働きであっても、
仕事のための仕事にしてしまう危険性は、いつでもあります。
だれのためにしているのかということを忘れてしまうと、
それが落とし穴になるのです。
神と、キリストへの尊敬と愛と献身によって、
わたしたちは、それをできる限り美しくすることができるのです。
喜ばしい奉仕の活動を通してのすばらしい体験は、
まだ経験していない人たちへと伝えていかなければなりません。
それは、わたしたちの働きのとても大きなご褒美のひとつです。

4月5日

only today

未来はわたしたちの手の中にあるのではありません。
わたしたちは未来に対して何の力もありません。
わたしたちはただ、
今日という日に行動できるだけなのです。
わたしたちの会憲にこうあります。
わたしたちは、
偉大な神が、未来のご計画を立てられることを認めます。
昨日はもう過ぎてしまい、明日はまだきていないのですから。
わたしたちには、人々が神を知り、神を愛し、
神に奉仕するよう助けるため、今日という日しかないのです。
ですから、明日のことを心配するのはやめましょう。

4月6日

bottle of sugar

『子どもの家』で、
お砂糖がまったくなくなってしまったことがありました。
すると、小さな男の子が、
どこで、どうしてなのかわかりませんが、
マザー・テレサのところにお砂糖がない、と聞いたのでしょう。
その子は、うちへ帰って両親に言いました。
「ぼくはこれから三日間、お砂糖はいらないよ。
そのお砂糖をマザー・テレサにあげるんだ。」
三日後、両親はその子を連れて、
わたしたちを訪ねてきました。
彼の手には、小さなお砂糖のびんがありました。
その子はわたしの名前すら発音できないほど、小さな子でした。
けれど、その子は教えてくれたのです。
大切なのは、どれだけたくさんあげるかではなく、
どれだけ愛をこめるかなのだ、ということを。

4月7日

faiths

どんな国であれ、信仰のあるところでは、
わたしたちが働くのに困ったことは、まったくありません。
わたしたちは、すべての人を神の子どもと考えています。
みんな、わたしたちの兄弟、姉妹です。
わたしたちは深い尊敬をもって接します。
わたしたちの仕事は、
クリスチャンも、ノンクリスチャンも同じに、
彼らをいっそう勇気づけます。
心からあふれる愛の働きはどんなものであっても、
人々を神に近づけるものなのです。

4月8日

●

home for the Dying

カリガートの『死を待つ人の家』を訪れた人は、
この家にみなぎっている〈平和〉を不思議に思ったようです。
わたしは、単純にこう言いました。
「神がここにおられるのです。」
ここでは、カーストや宗派は問いません。
彼らがわたしと同じ信仰ではない、ということは、
問題ではありません。

4月9日

●

take care

わたしは、わたしが触れるすべての人の中に、
キリストを見ています。
彼は、こうおっしゃったからです。
「わたしは飢えていた。わたしは渇いていた。
わたしは裸だった。わたしは病気だった。
わたしは苦しんでいた。
わたしには家がなかった。
そしてあなたが、わたしの面倒を見てくれた。」

4月10日

●

homelessness

ホームレスであるということは、
住む家がない、ということだけではありません。
それは、彼らがこれまでに経験した、
だれからも愛されない寂しさや拒絶といった、
耐えられないような孤独からくるのです。
わたしたちは彼らのところにいるでしょうか？
わたしたちは彼らを知っているでしょうか？
わたしたちは彼らを見ているでしょうか？

4月11日

same action

コルカタでミュージカルが上演されたとき、
出演者たちに言いました。
「あなたがたの働きと、わたしたちの働きは、
お互いに補い合っているのです。
わたしたちがしていることは、
この世界で、以前にも増して必要になっているのです。
あなたがたは、あなたがたの公演で人々に喜びを与え、
わたしたちは奉仕をすることで、同じことをしているのです。
あなたがたが歌ったり踊ったりする一方で、
わたしたちが体を洗ってあげたりしていることは、
まったく同じことなのです。
あなたがたは、神からあなたがたへ贈られた愛で、
世界を満たしているのです。」

4月12日

●

family first

わたしは、母のことを決して忘れません。
彼女は一日中、たいへん忙しくしているのが常でした。
でも、いつも夕方になると、
大急ぎで父を迎える支度をするのです。
あのころは、子どもたちにはわかりませんでした。
ですから、わたしたちは母をからかって、
笑ったりしたものでした。
けれど今思えば、
母の父に対する愛は、なんとすばらしく、
こまやかな愛だったことでしょう。
何が起ころうと、母はほほえみながら、
父を迎える準備をしていたのです。
今日、わたしたちは時間がありません。
お父さんもお母さんも忙しすぎます。
子どもたちが家に帰ってきても、

そこには、
彼らを愛して、ほほえみかけてくれる人がいないのです。
ですから、わたしは、共労者の方々にたいへん厳しいのです。
いつも、こう言っています。
家族をまず優先してください。
もし、あなたが家庭にいなければ、
どうやってあなたの愛が、
人々に向かって育っていくのでしょうか。

4月13日

●

act of kindness

神の優しさの、生きている表現でありなさい。
あなたのまなざしに神の優しさが、
あなたの表情に神の優しさが、
あなたのほほえみに神の優しさが、
あなたの暖かいあいさつに、神の優しさが表れますように。
わたしたちは皆、ほんの少しお役に立ち、
そして、過ぎていく神の道具なのです。
思いやりの行為の表れ方は、
その行為そのものと同じように大切なことだと、
わたしは信じています。

4月14日

because you & I

もし、人が飢え死にするようなことがあったとしたら、
それは、神が彼らのことを気にかけていないからではありません。
あなたや、わたしが
神の愛の道具ではなかったということなのです。
彼らにパンをあげることができたというのに、
痛ましい姿に身をやつして、
おなかをすかせたキリストがいらしたというのに、
わたしたちが、彼だとわからなかったからなのです。

4月15日

your two eyes

たとえわたしの口が閉じていても、
わたしは目で三十分の間、
あなたに語りかけることができるでしょう。
あなたの目を見るだけで、
あなたの心が平安かどうか、見分けることができます。
わたしたちは喜び輝いている人々を見ます。
そしてその目の中に、
純粋さを見ることができるでしょう。
もし、わたしたちの心に静けさがほしいのなら、
まなざしに静けさを保つことです。
あなたの両方の目で、もっとよく祈れるようになりましょう。

4月16日

make us worthy

いっしょに祈りましょう。
主よ、わたしたちを、
貧困と飢えの苦しみの中で生き、死んでいく、
世界中の仲間たちに奉仕するのに、
ふさわしい者としてください。
わたしたちの手を通して、
彼らに日々の食べ物をお与えください。
わたしたちが愛を理解することによって、
彼らに平安と喜びをお与えください。

4月17日

needs to be loved

世界中の人々は、
異なる宗教や教育、そして役割を持っていますから、
違うように見えるかもしれません。
けれど、みんな同じです。
みんな愛されるべき人たちなのです。
みんな愛に飢えています。
コルカタの路上にいる人たちは、確かに飢えていますが、
ロンドンやニューヨークにも同じように、
飢えて、満たされない人たちがいます。
どんな人でも愛を必要としているのです。

4月18日

●

sacrificing

聖書にはこう書かれています。
「わたしは慰めてくれる者を探した。
しかし、見つけることはできなかった。」
イエスさまは、彼を慰めてくれる人を探しておられます。
その姿は、
あなたの子ども、あなたの夫や妻、あなたの隣人なのです。
あなたは、そこにいますか？　さあ、決心しましょう。
「わたしは、子どもたちのためにそこにいます。
わたしは、夫（妻）のためにそこにいます。
わたしは、隣人のためにそこにいます。
言葉だけではなく、
わたしの分かち合う心と犠牲の心によって。」
不機嫌な顔つきの代わりに美しいほほえみを、
乱暴な言葉の代わりに美しい言葉をかけましょう。
相手を慰めることのできる人であるように、努力してみましょう。

4月19日

go home to Jesus

わたしたちは、
多くの人に希望をもたらすことができる
たくさんの機会を与えられていることを、
イエスさまに感謝しています。
わたしたちが苦しむ人への心遣いをもって、
この悩み多い世界で
絶望の淵《ふち》にあってなお生きる意味を見いだし、
あるいは、口元に安堵《あんど》のほほえみを残して人が亡くなるとき、
役に立つことができますように。
人生の終わりに
わたしたちは皆、イエスさまのもとへ行くのですから。

4月20日

●

human sufferer

ふたりの人を同じように、
完全に愛することはできません。
けれど、多くの人の中にひとりの神を愛するならば、
あなたは、すべての人を完全に愛することができるでしょう。
あなたの頭と心、あなたの生活と行いを神に集中させて、
すべての苦しんでいる人の中に、神を見るようにすべきです。

4月21日

●

different man

あるとき、ひとりの男性が、
カリガートの『死を待つ人の家』にきました。
彼が、病棟に入っていったとき、
ちょうどわたしはそこにいました。
しばらくして、彼は戻ってきて、こう言いました。
「わたしは、心の中に、たくさんの憎しみをもってここへきました。
神への憎しみ、人間への憎しみです。
わたしは、空っぽで、まったく信仰心がなく、
苦々しい思いでいっぱいの状態で、
ここへきたのです。
わたしはここで、
シスターが患者さんを真心こめてお世話をしている姿を見ました。
そして、わかったのです。
神は今もなお生きておられるということを。
今わたしは、まったく違う人間として出ていきます。

ここに神はおられ、わたしたちを今も愛しておられる、
ということを信じています。」
わたしはこのことを、
あなたがたの心に刻みつけてほしいのです。
神は今日、あなたや、わたしを通して、
この世界を愛していらっしゃるということを。

4月22日

●

each one of us

お互いのつきあいは、誠実であるようにしましょう。
そして、
ありのままの自分たち自身を受け入れる勇気を持ちましょう。
お互いの失敗に驚いたり、
こだわったりしないようにしましょう。
むしろ、お互いのよい面を発見しましょう。
わたしたち一人ひとりは、神の似姿として創られているのですから。

4月23日

●

Gandhiji's work

今日の若者は、すべて与えるか、何も与えないか、
ただひとつのことに向かっています。
このことが、わたしがここへくることを承諾した理由のひとつです。
すべての人々、
ガンジーの働きに関係するであろう若い男性も女性も、
ガンジーに与えられた神の贈り物を広めるために
人生をささげることを、わたしは願っています。
神からのガンジーへの贈り物、
それは、彼の人々に対する愛であり、非暴力主義への愛です。

4月24日

●

come closer

わたしは、すべての宗教を尊敬していますが、
わたしは自分自身の宗教を愛します。
人々が、わたしたちの愛の行いによって、
よりよいヒンドゥー教徒、よりよいイスラム教徒、
よりよい仏教徒になるのならば、
そこには何かが育ちつつあるのです。
彼らは神に、よりいっそう近づいているのです。
彼らがほんとうに神に近づいたとき、
その時が彼らの選択の時なのです。

4月25日

Calcutta

もしもあなたに見る目があるなら、
世界中至るところにコルカタを見つけるでしょう。
コルカタの街は、皆の家のドアにつながっているのです。
あなたがコルカタに飛んできたいということは、知っています。
けれど、遠くにいる人を愛するのは簡単なことです。
反面、いっしょに生活している人たちを愛するのは、
いつでもやさしいわけではありません。
嫌いなあの人や、
ついバカにしてしまうあの人のことは、どうなんですか?

4月26日

●

the woman

女性は家庭の中心です。
女性が、
自分自身の存在の理由をはっきり悟るように祈りましょう。
愛し、愛され、
この愛を通して世界の平和の道具になるように。

4月27日

●

Nobel Peace Prize

ノーベル平和賞受賞の知らせを受けたとき、こう言いました。
「わたし自身は、まったくこの賞に値しません。
貧しい人たちの存在を世に知らせ、
愛の働きを平和の働きとしてくださる、神に感謝しています。」
その知らせを聞いた同じ日に、
捨てられていた赤ちゃんが、
コルカタの『子どもの家』に連れてこられ、
シャンティ（平和）と名づけられました。
この赤ちゃんは生きつづけています。

4月28日

●

for every one

聖性は、何か特別なことではありません。
頭がいいとか、
論理的で議論好き、
話し上手、読書家といった知的パワーがあるとか、
そういう、ほんの一握りの人たちのための何か、ではないのです。
聖性に到達することは、
わたしたち一人ひとりにとって、
いつでも、どこでも、ほほえみながら神を受け入れるという、
単純な務めなのです。

4月29日

●

simple smile

簡単なほほえみで、
どれほどすばらしいことができるのか、
わたしたちは、
まったくわかっていないと言えるほどです。

4月30日

●

something beautiful

お互いに補い合えることは、なんとすばらしいことでしょう！
スラムの中でわたしたちがすることは、
あなたがたには、おそらくできないかもしれません。
あなたがたが、家庭生活、学校生活、会社生活など、
それぞれの状況に応じて受けた神からの声を行うとき、
わたしたちに、それはできません。
ですから、
あなたがたと、わたしたちは協力して、
何かすばらしいことを、神さまのために行いましょう。

5月

May

5月1日

●

happiest people

お互いに、心の底から愛し合っている人たちは、
この世でいちばん幸せ者です。
彼らは少ししか、
いいえ、まったく何も持っていないかもしれません。
でも幸せなのです。
すべてのことは、
どのように愛し合うかにかかっているのです。

5月2日

to young people

若い人たちにお願いします。
わたしたちの国の希望、
わたしたちの国の喜びであるあなたがた、
どうか、わたしたちの国や家庭に
平和に満ちた喜びをもたらしてください。
そうすれば、世界中の至るところで神の愛の輝きとなれるでしょう。

5月3日

little child

すべての人が心の底では、
子どもが母親の胎内に受胎した、その瞬間から、
その子は愛し愛されるために、
神が、神ご自身の似姿としてお創りになった人間である、
ということをわかっているのです。
この小さい命を守って、
この子がこの世に生まれるのに手を貸すことを、
だれも恐れないように祈りましょう。
イエスさまはおっしゃいました。
「わたしの名のために、この小さい命を受け入れるなら、
あなたはわたしを受け入れるのだ」と。

5月4日

●

two-way process

おうちで、五分でいいですから、祈ってください。
祈りとは、ただ神に語りかけることなのです。
神がわたしたちに語りかけます、
わたしたちは耳を傾けます。
わたしたちが神に語りかけ、
神は聴いてくださいます。
祈りとはふたつのプロセス、
心から語りかけること、そして耳を傾けること。

5月5日

●

our daily bread

何をお願いしましょうか?
「日ごとの糧を、今日もわたしたちにお与えください。」
何が日ごとの糧なのでしょう?
それは、平和と愛です。
体に必要な食べ物だけではなく、
魂が生きるために必要な食べ物があるのです。
人は、体の食べ物だけで生きているのではありません。
だれかのために祈るまえに、
まず自分の生活を祈りにしましょう。
祈りが、わたしたちの力であるという、
よい知らせを世界に広めていきましょう。

5月6日

●

dignity

貧しい人々の尊厳を認めなければなりません。
貧しい人たちを尊敬し、尊重し、愛し、
貧しい人たちに心から奉仕すること。
よくわたしは、彼らこそ、
わたしたちからの大きな感謝を受けるべき人々なのだと思うのです。
貧しい人たちは、
彼らの信仰、忍従、苦しみへの我慢強さを通して、
わたしたちに教えてくれます。
彼らがわたしたちに、
お世話をすることを許してくれているのです。
わたしたちは、貧しい人たちに、
単なる同情やあわれみではなく、
思いやりをもって接するようにすべきです。

5月7日

●

India

わたしは、自分がインド人であると、
魂の奥深くに感じています。
神の愛の宣教者会は、
この世界のもっとも貧しい人たちと、
身なりも生活も共有しています。
もちろん、インドの発展のために、
技術者や熟練者、
経済学者、お医者さん、看護師さんが必要です。
国は計画をたて、
全体を見ながら実現していかなければなりません。
その一方で、人々は生きていかなくてはなりません。
人々は、食べものを与えられ、世話を受け、着るものも必要です。
わたしたちの仕事の場は、現在のインドです。
これらの必要がある限り、わたしたちの仕事も続くのです。

5月8日

●

beautiful gift

わたしにとって、
命は人類への神からのもっとも美しい贈り物です。
ですから、中絶や安楽死によって命を破壊する人々や国家は、
もっとも貧しいと言えます。
わたしは、合法か非合法かと言っているのではありません。
命を奪うために、
人は手を上げるべきではないと思います。
命はわたしたちの中にある神の命なのですから。
たとえ、それが、まだ生まれていない赤ちゃんであっても。

5月9日

●

harder to overcome

飢えている人を路上から連れてくると、
わたしは、ご飯とかパンをあげます。
おなかはそれで満たされるかもしれませんが、
締め出され、拒絶され、
だれにも愛されない悲しみと恐れ、
社会から長い間ほうり出されていたこと、
こうした精神的な貧困は、
乗り越えるのがもっとむずかしい貧困なのです。

5月10日

●

thank you

貧しい人たちは、ほんとうにすばらしい人たちです。
ある夜、わたしたちは路上から四人の人を連れて帰りました。
そのうちのひとりは、とてもひどい状態でした。
わたしはシスターたちに、
あの三人の人たちを看《み》てください、
わたしは、いちばん容体の重いこの人を看ますから、と言いました。
それからわたしは、真心こめて彼女のお世話をしました。
彼女をベッドに横たえると、
その顔には、なんとも言えない美しいほほえみが浮かびました。
彼女はわたしの手を握り、
たった一言、
「ありがとう」と言って亡くなりました。（つづく）

5月11日

●

greatest love

わたしは彼女の前で、
自分自身を反省しないではいられませんでした。
もしわたしが彼女だったら、なんと言っただろうか?
と自問してみました。
答えは簡単でした。
わたしはおそらく、自分自身に注意を引き寄せようとしたでしょう。
きっと、おなかがすいています、死にそうです、
寒いのです、痛くてたまりません、などと言ったでしょう。
彼女は、わたしが与えたものよりも、
はるかに多くのものをわたしに与えてくれました。
これこそ偉大な愛なのです。

5月12日

sinner

わたしは罪深い人間です、と自分では言うけれど、
だれか他の人にそう言われると、憤慨するでしょう。
もし、いわれのないことで非難されたら、
苦しむかもしれませんが、
どんな小さなことでも、
事実に基づいて罰されると、それが当然である場合、
わたしはもっと傷つくでしょう。
自分の欠点が人々に知られることを、
喜んで受け入れなくてはなりません。

5月13日

riches

富は、精神的なものであれ、物的なものであれ、
正しく用いられないなら、
息苦しさを与えます。

5月14日

●

something of himself

ひとりの紳士がわたしのところにやってきて、
かなりの額の寄付を申し出ました。
その寄付をくださってから、彼はこう言いました。
「先ほどのは、わたしの外的なものですが、
こんどはわたし自身を与えたいと思います。」
そして、彼は定期的にカリガートの『死を待つ人の家』にきて、
病人や死んでゆく人々の相手をし、
彼らの体を洗ったり、
ひげを剃《そ》ってあげたりして、手伝っています。
彼は自分自身の何かを与えたかったのです。
そして今、彼はそれを与えています。

5月15日

●

to women

女性のみなさん、
あなたや、わたしは女性として生まれ、
愛を理解するという、
途方もなく、すばらしいたまものを持っています。
わたしは、このたまものを、
くる日もくる日も、子どもたちのために苦しみを受け入れ、
それに耐えている貧しい女性たちの中によく見ています。
母親たちはまったく無一文ですが、
施しに頼ってまでもやっていくので、
子どもたちは、なんとか必要なものを得ているのを、
わたしは見てきました。

5月16日

●

to co-workers

行いに愛をこめる、これを理解することが、
神の愛の共労者として、とても重要なことだと思っています。
共労者とは、名前だけではありません。
共労者は、属しているだけのものではありません。
愛の運び手であり、その愛を分かち合う人はだれでも、
行いの共労者です。
ですから、ここで共労者のわかりやすい定義をしたいと思います。
共労者とは、神のために行いに愛をこめ、
貧しい人に奉仕する人です。
では、どこで？　まず、家庭において、それから他の人々に対して。
家族をないがしろにしてはなりません。
外へ向かうよりも前に、まずわたしたち自身から始めて、
そして家の中で行うのです。
このような練習のおかげで、
他の人たちにも愛をこめることができるようになります。

5月17日

●

need to see & touch

わたしたちが人を愛せるようになるには、
まずその人を見て、
その人にふれる必要があるのです。
聖書にこう書いてあります。
イエスさまは貧しい人々を、
あなたやわたしの救いの希望とされた、と。

5月18日

●

sharing

たとえ、あなたがたの一人ひとりに
個人的に会って話すことはできないとしても、
わたしは毎日祈りの中で、
あなたがたのことを思っています。
わたしたちといっしょに貧しい人たちに奉仕し、
わたしたちを支えてくださっていること、
そして、あなたがたのすべての祈りと犠牲に、
深く感謝しています。
イエスさまによって、
愛のうちに受け入れられたあなたがたの苦しみは、
恵みの源です。
あなたがたは、わたしたちのすべての働きを
心から分かち合っているのです。

5月19日

●

not mix in politics

平和をもたらすために働くのなら、
なぜ戦争を減らすために働かないのですか？
と、尋ねる人たちがいます。
もしあなたが、平和のために働くのなら、
その平和は戦争を減らします。
わたしは、政治とかかわりを持つつもりはありません。
戦争は、政治のひとつの結果ですから、
わたしは政治には関係しない、ただそれだけです。
もしわたしが政治の世界に首を突っ込んだら、
愛することをやめることになるでしょう。
そうすればわたしは、皆にではなく、
一方の側につくことになります。
そこに違いがあります。

5月20日

●

tender love & care

人に、優しい愛と思いやりを注ぎましょう。
あなたの惜しみない心遣いと、
あなたのあふれる喜びは、
大きな希望を与えることでしょう。

5月21日

●

become holy

聖《きよ》くなりますように。
わたしたちはだれでも、
聖くなる可能性を秘めているのです。
そして聖くなるための道は、祈りです。

5月22日

●

love begins at home

愛は家庭から始まります。
愛は家庭の中に生きるのです。
なぜ、今日の世界には、あまりに多くの苦しみ、
あまりに多くの不幸があるのでしょうか。
もし、わたしたちがイエスさまに耳を傾ければ、
以前におっしゃったと同じように、
こう言われるでしょう。
「互いに愛し合いなさい。
わたしがあなたがたを愛したように。」
イエスさまは、わたしたちのために
十字架上で苦しみ、死んでくださるほどに、
わたしたちを愛してくださっているのです。
もし、わたしたちが互いに愛し合い、
愛をわたしたちの生活に取り戻したいのなら、
まず家庭から始めなくてはなりません。

5月23日

●

learn to forgive

すべての人は神からきているのです。
わたしたちはみな、わたしたちへの神の愛が、
どのようなものか知っています。
わたしたちがどんな神を信じるとしても、
ほんとうに愛したいのなら、
ゆるすことを学ばなければならないと知っています。
わたしたちは神の愛を輝かさなくてはなりません。

5月24日

●

loving hand

わたしが中国に招待されたとき、
こう尋ねられました。
「共産主義者は、あなたにとってどのようなものですか？」
わたしは答えました。
「皆、神の子です、そしてわたしの兄弟姉妹です」と。
すると、だれも一言も言わなくなりました。
完全な沈黙でした。
それはほんとうです。
同じ愛の神の御手が、あなたを創り、わたしを創り、
路上のあの人を創ったのですから。

5月25日

●

Mary

聖母マリアにお願いしましょう、
それも、特別なやり方で。
マリアさま、イエスさまのお母さま、
どうかわたしたち一人ひとりの母となってください。
わたしたちがあなたのように、
汚れない心でいられますように。
わたしたちがあなたのように、
イエスさまを愛せますように。
わたしたちがあなたのように、
もっとも貧しい人たちに奉仕できますように。
わたしたちは皆、貧しいのですから。
まず第一に、
わたしたちの周りにいる人たちを愛させてください。
そして、わたしたちを神のお望みで満たし、
神の愛とあわれみの運び手としてください。

5月26日

next door

わたしは、あなたに何もあげることができません。
何も持っていないのです。
わたしがあなたに願うことは、
わたしたちがいっしょになって、
自分の家族の中の貧しい人を見つけることです。
そして、自分が傷ついても愛してください。
自分の家族のことがわかったら、
次に隣人に目を向けましょう。
わたしたちは、
自分の周りの人たちのことを知っているでしょうか？
ある家を、シスターたちが訪問したときのことです。
そこに住んでいた女性は、
亡くなってから、すでに数日が経《た》っていました。
周りの人たちは、彼女の名前すら知らなかったのです。

5月27日

●

need compassion

ハンセン病で苦しんでいる人たち、体が不自由な人たち、
愛されていないと感じている人たち、
相手にされていないと感じている人たち、
この人たちに必要なのは、まったく同じことです。
彼らには、愛が必要なのです、
彼らには思いやりが、人間のふれあいが必要なのです。
あなたの優しさで、ハンセン病の人にふれてあげてください。

5月28日

instruments of peace

医学生の皆さん、あなたがたにお願いします。
すでに存在する、単なる医療を行う何億人という、
医師のひとりに加わらないでください。
あなたがたは、一人ひとりの患者さんを、
彼らが抱いている望みを満たすように、
愛と思いやりの心で治療しなければなりません。
あなたがたの手は、
他の人が破壊を引き起こすために使うのとは反対に、
命を回復させる平和の道具なのです。
世界の平和は、力ではなく、
愛によってもたらされるものなのです。（つづく）

5月29日

●

entrusted to you

あなたがたのためのわたしの願いは、
あなたがたの優しさや思いやりや、
神があなたがたにゆだねられた癒やしの力を通して
イエスさまに似るよう、成長していくことです。
あなたがたも、わたしたちが大きな愛をもって、
神さまのお仕事を続けられるよう、
わたしたちのために祈ってください。
わたしたちが、神さまのお仕事を
決して無にすることのないように。

5月30日

●

not command the impossible

「あなたたちの心、魂、精神のすべてをあげて、
主である神を愛しなさい。」
これが、わたしたちの偉大な神のお命じになったことです。
神は、決して不可能なことをお命じになりません。

5月31日

●

your nothingness

あなたの目を、あなた自身に向けることをやめ、
あなたが何も持っていないこと、
ましてや何者でもないこと、
何もできないことを喜びなさい。
あなたの無があなたを脅かすときはいつでも、
イエスさまに向かって大きくほほえみなさい。
ただイエスさまの喜びだけを持ち続けるように。
それがあなたの力ですから。
いつも喜んで、
平和のうちに、
神が何をあなたから取り去られても、
ほほえみをもって、それを受け入れなさい。

6月

June

6月1日

little love in homes

今の世界は混乱していると思います。
皆、とても忙しそうで、
開発や、もっと豊かになることにとらわれているようです。
そこには、ひどい苦しみがあります。
家庭や家族との生活には、
ほんのわずかばかりの愛しかないからです。
子どもたちのための時間も
お互いのための時間もないありさまです。
お互いが喜びを分かち合う時間などは、
まったくないのです。
こうして、世界平和の崩壊は家庭から始まるのです。

6月2日

●

peace, happiness & love

まず、自分の家庭を、
安らぎと、幸福と、愛に包まれた場所にすることから始めましょう。
あなたの家族の一人ひとり、
そして、あなたの周りにいる人たちへのあなたの愛を通して。

6月3日

●

share with others

だれか兄弟姉妹のひとりが、
わたしたちの無関心と利己心のために
飢え死にするようなことがあるとしたら、
なんと恥ずかしいことでしょう。
わたしたちは、
次の食事のことや着る物のこと、快適な環境などについて、
なんの心配もなく豊かに暮らしているので、
貧しい人たちがどんな気持ちでいるのかは、
決してわからないのです。
愛は、他の人と分かち合うことを意味します。

6月4日

●

respect for life

お母さんのおなかの中の赤ちゃんから、路上で死んでいく人々まで、
そういう命を尊重するということを、
どのように力説すればよいのでしょう？
わたしたちは命の偉大さに気づかなくてはなりません。
すべての子どもは神からの贈り物なのです。
わたしたちは、もっとすばらしいことのために、
つまり、愛し愛されるために創られたのだ、
ということに気づくことが大切です。
愛を壊してしまったら、そこには何が残るのでしょうか？
だれでも、若者であれ、お年寄りであれ、
ひとり残らず、このことに気がつかなくてはなりません。
このことに気づいたなら、
わたしたちは、互いに愛を共有できるでしょう。
わたしたちは、互いを受け入れ合うことができるでしょう。
そしてほんとうに自由になり、イエスさまのお役に立てるでしょう。

6月5日

●

chastity

若い皆さん、今日、固く決心しましょう。
汚れのない心、清らかな心、そして純潔を汚さないように!
あなたがたが結婚の日に、互いに与え合い、
また、あなたが司祭職や修道生活に入る日に、
神にささげることのできるもっともすばらしい贈り物は、
清い心と、純潔で汚れない体なのです。

6月6日

violence

わたしたちが、力に対して「ノー」と言うとき、
必ずナイフや爆弾や銃を想像するでしょう。
けれども暴力とは、
わたしたちの態度によって引き起こされるものなのです。
たとえば人々に向かって、
あなたたちは役立たずだ、怠け者だ、
あなたたちはああだ、こうだ、
あなたたちは、あなたたちは、と言っていますが、
これは大きな暴力だと思います。
もしわたしたちが、わたしたちの優しさや、お互への態度で、
暴力に「ノー」と言い、平和には「イエス」と言う、
たったひとつの固い決心をするならば、
ほんとうに小さなこと、
互いが出会ったときのほほえみとか、
そんなことが、何よりも役に立つのだと思います。

God bless you
M. Teresa MC

6月7日

simple acts

愛は言葉だけではなく、
言葉では説明できないことの中にも生きています。
特に、神への愛についてはそうです。
愛や思いやりのこもった単純な行為が、
神の光の輝きとなるのです。

6月8日

●

joy is love

喜びは愛。
喜びは、愛に燃える心の当然の実りです。
喜びは、なくてはならないものであり、
目に見える力の源。
わたしたちのともしびは、
愛による犠牲で燃え続けるでしょう。

6月9日

●

pray together

どうしたら、学生たちに、
共同生活の豊かさを見せてあげられるのでしょうか？
彼らに教えましょう。
彼らに、自分たちの家族の間で愛するように教えましょう。
愛は家庭で始まるのです。
豊かな愛は、必ず豊かな平安をもたらします。
ですから、
家族がいっしょに祈り、
いつもいっしょに過ごすようにし、
お互いに愛し合うことが大切です。
そうすると、
互いに愛の泉となることが、
もっとやさしくなるでしょう。

6月10日

●

my faith

もし、わたしに、
「あなたの信仰や宗教を棄てるなら、
ここにいて、
貧しい人たちに奉仕してもいいですよ」と言う人がいるなら、
わたしはどうするでしょうか？
わたしの信仰は、だれもわたしから奪うことはできません。
ですから、彼らはわたしの信仰を否定することも、
奪うこともできはしません。
信仰はわたしの心の内にあるのです。
イエスさまが、わたしの行いを通して
貧しい人たちへの、命、愛、光となって彼らの中にこられ、
ご自分のもとに彼らを引き寄せたいとお考えで、
もし、他にまったく選択の余地がなく、
それが唯一の方法だとしたら、
わたしはそこにとどまり彼らに奉仕するでしょう。

わたしはあきらめません……
わたしの命なら棄てる用意はできていますが、
わたしの心の中の信仰を棄てるわけにはいきません。

6月11日

●

reach the heart

わたしたちの働きは表面的ではなく、
深くならなければなりません。
わたしたちは、心に届かなくてはならないのです。
心にまで届くには、行いの中に愛がなくてはなりません。
人々は、聞くことよりも、
自分の目で見ることに引きつけられるのです。
もし、手伝いたいと思っている人がいるなら、
きて、見てもらいましょう。
現実の姿は、
抽象的な理想よりも、ずっと人を引きつける力があるのです。

6月12日

●

sheer joy

あなたがたは今までに、
ご自分の国の、
ボランティア組織などを手伝ったことがありますか？
もし、まだしたことがないのなら、
あなたの人生の中のそのような機会を逃すべきではないと思います。
そうした経験は、
ほんとうの喜びと充実感を与えてくれます。
あなたは、どこにもないような
イエスさまとのふれあいという、
貴重な経験をすることができるでしょう。

6月13日

●

crumb by crumb

わたしたちはだれも、飢えの苦しみを知らないと思います。
ある日、わたしはそれを小さな子どもから学びました。
路上にいたその子の顔に、ひどい飢えを見ました。
それは、わたしがこれまでにたくさん見てきた目でした。
何も聞かずに、わたしはその子に一切れのパンをあげました。
わたしが見ていると、
その子は少しちぎっては、ほんの少しずつ食べるのです。
わたしはその子に言いました。
「パンを食べなさい。」
するとその小さな子は、わたしを見てこう言いました。
「このパンがなくなってしまったら、
またおなかがすくのが、こわいの。」

6月14日

●

hold your tongue

ほんとうに大切なことは、
わたしたちが言うことではなく、
わたしたちを通して神がおっしゃることです。
神からのものでない限り、
わたしたちの言葉はすべて虚《むな》しいものです。
どうして口をつぐんでいられないのですか？
あなたは、ご自分がどれだけのことができるか、
ご存じかも知れませんが、
他の人たちがどれだけ我慢しているかは、
ご存じないのでは？

6月15日

infinite

限りあるものを、無限なものによって克服してください。
主はあなたをお望みになったので、
あなたをお創りになりました。
あなたが、恐ろしい孤独と、深い虚しさを感じているのを、
わたしは知っています。
けれど、主はあなたと共にいて、
あなたを愛していらっしゃるのです。
次の言葉をごらんになったことがありますか？
この言葉はわたしを満たし、わたしを無にしてくれます。
「わたしの神、主よ、
他に何もなさることがないかのように、
あなたのすべてを傾け、
こんなにも目を凝らして求めておられる人間の心とは、
いったい何なのですか……？」

6月16日

●

meet God

イスラム教の国イエメンで、
わたしは、あるお金持ちに、
そこに礼拝堂を建てるようお願いしました。
人々には祈る場所が必要です、と彼に言いました。
彼らは皆、イスラム教の兄弟姉妹です。
彼らには、神に出会う場所が必要なのです。

6月17日

●

twenty-four hours a day

神さま、
困っている人がわたしの助けを求めてくるとき、
わたしが自分自身をかいかぶらないように、助けてください。
わたしほど、神の恵みと助けを必要としている人が、
他にいるとは思いません。
ときとして、
とても見放されたように感じて、困惑してしまいます。
こんなわたしだから、
神はわたしをお使いになっているのです。
成し遂げられたことに対して、
わたしに何の功績もあるわけではないことを
わかっているからです。
それどころか、
わたしは一日中、
絶えず彼の助けを必要としている者なのです。

6月18日

●

trouble to pray

すべては、祈りから始まります。
祈ることを愛しましょう。
日中、しばしば祈る必要を感じ、
祈るために労を惜しまないようにしましょう。
もし、あなたがもっとよく祈りたいのなら、
たくさん祈らなくてはなりません。
祈れば祈るほど、やさしく祈れるようになります。
ほんとうの祈りはたくさんの言葉ではなく、
イエスさまに心を上げて熱心に願うことです。

6月19日

wires & current

よく電線を見ますよね、
細かったり太かったり、
新しいのや古いの、
安いのや高そうなの。
でも、電流が流れていない限り、
電線は役に立たず、明かりはともらないのです。
電線はあなたやわたし、そして電流が神です。
わたしたちには、わたしたちを通る電流を流すことも、
それを拒んで
暗闇が広がるのを許すこともできるのです。

6月20日

●

love at home

遠くにいる人たちを愛するのは、
簡単なことです。
インドの飢えた人たちのことを考えるのも、
とても簡単なことなのです。
あなたはまず自分の家庭に、
次にお隣に、
そしてあなたの住んでいるところ、
それからあなたの街に、
目を向けなくてはなりません。
それから、初めて外に向かうのです。

6月21日

need forgiveness

もし、わたしたちが罪でいっぱいなら、
神はわたしたちを満たすことはできません。
たとえ神さまでも、
すでにいっぱいのものを満たすことは、
おできにならないからです。
ですから、わたしたちは空っぽになるために、
ゆるしが必要なのです。
そうすれば、
神がわたしたちを、ご自身で満たしてくださるでしょう。

6月22日

●

humble works

つつましい仕事から離れてはいけません。
こういう仕事はだれもしようとしないからです。
仕事が小さすぎるということはありません。
わたしたちはとても小さいので、
小さいやり方で物事を見ているのです。
たとえ、わたしたちがだれかのために、
ちょっとしたことをしたとしても、
全能の神は、すべてを偉大なこととして見てくださいます。
偉大なことができる人たちは、世の中にたくさんいます。
けれど、つつましい仕事をする人たちは、
ほんとうに少ないのです。

6月23日

●

give until it hurts

貧しい人たちへの愛は、生きている炎のようです。
燃料は、よく乾けば、いっそう燃え上がるものです。
貧しい人たちへの奉仕には、
あなたの手だけではなく、
あなたの心も差し出してください。
愛の奉仕が実を結ぶために、
わたしたちは犠牲を払わなければなりません。
傷つくまで与えること。
愛するためには、与える必要があります。
そして、与えるためには、
自分中心の傾きから自由になる必要があるのです。

6月24日

professor of love

最後に南アメリカのベネズエラを訪れたときのことは、
いつまでも忘れないでしょう。
ある金持ちの家族が、
子どもたちの家を建てるための土地をくださったので、
お礼に伺いました。
そこでわたしは、家族のいちばん上の子が、
重度の身体障害を持っていることを知りました。
わたしはその子の母親に尋ねました。
「お子さんのお名前は?」
彼女は答えました。
「愛の先生です。この子はいつでもわたしたちに、
どのように愛を行いに表すかを教えてくれているからです。」
その顔には、美しいほほえみがありました。
「愛の先生」!
重い障害のあるあの子を、こう呼んでいるのですよ!

6月25日

●

deeds, not words

あり余っているものを与えるというのは、
望ましいことではありません。
じかにふれて、あなたにわかってほしいのです。
貧しい人たちは、言葉ではなく、
行いを求めています。
既存の経済や社会のシステムとか、
政治的構造やイデオロギーをとやかく言うのは、
わたしの務めではありません。
すべての人は良心を持っていて、
みんなそれに従わなくてはならないのです。

6月26日

in person-to-person

わたしは、ことを大規模に進めるのには賛成しかねます。
わたしたちにとって大切なのは、一人ひとりなのです。
ひとりの人を愛するためには、
ほんとうに親しい間柄にならなくてはならないのです。
もし、数がそろうまで待っていたら、
数の中に一人ひとりを見失うでしょう。
そして、もう二度と
その人に愛と尊敬を表すことができないでしょう。
わたしは一対一の接し方を信じます。
わたしにとっては、どの人もイエスさまなのです。
イエスさまはひとりだけですから、
今接しているこの人が、わたしにとっては、
この世界でたったひとりの人なのです。

6月27日

●

sanctity

聖性は、限られた人たちの特権ではありません。
それは、あなたや、わたしにとっての単純な務めなのです。
わたしは、わたしの生き方をもって、
聖人にならなくてはならないし、あなたも同様です。
偉大な聖性は、人を思いやることから始まります。
もしあなたが、この、人を思いやる術《すべ》を身につけたら、
あなたは、もっともっとイエスさまに似ていくことでしょう。
イエスさまの心は柔和で、
いつも他の人のことを思いやっていたのですから。

6月28日

friend of silence

わたしたちは神を見いださなければなりません。
神は、騒がしく落ち着きのないところで、
見いだすことはできません。
神は静けさの友なのです。
自然をご覧なさい。
木や花、そして草は静かに成長していきます。
星や月や太陽をご覧なさい。
なんと静かに動いているのでしょう。
沈黙の祈りのうちに、多くを受ければ受けるほど、
わたしたちの活動において
もっと多くを与えることができるのです。

6月29日

●

forgiven

わたしたちは、
ゆるされるためには、ゆるさなければならない、
ということを悟らなければなりません。
北アイルランドやその他の場所にいる人々が、
もしもたったひとつ、
ゆるすことを学んだなら、
彼らのもとに平和がやってくると思います。

6月30日

closer to the poor

神の貧しい人たちの間で愛を分かち合うことは、
わたしたちを互いに親密にしてくれます。
貧しい人たちに、いっそう近づくことができます。
そして、このような活動をしているうちに、
貧しい人たちを理解することができるのです。
このような理解は、
身近な人たちへの愛と犠牲、
人間的な奉仕へと導いてくれるのです。
だからこそ、わたしは、
皆さんおひとりおひとり、
お金持ち、若い方、年輩の方々にお願いします。
どうか、貧しい人のうちにおられるキリストに、
あなたのその手で奉仕してください。
そして心で、
彼らの中におられる主を愛してください。

7月

July

7月1日

●

smile

いつも、神の前を歩むよう努めなさい。
すべての人の中に神を見いだすために、
朝の黙想を、一日中生きてゆかなければなりません。
お互いにほほえみ合いましょう。
いつでも簡単なわけではありません。
ときには、
ほほえむことが、むずかしいこともあるでしょう。
そのときこそ、祈るのです。

7月2日

●

sees everything great

目の不自由な人のために手紙を代筆してあげたり、
ただ座って話を聞いてあげたり、
郵便を取りに行ったり、
だれかを訪ねたり、
お花を持っていったり、
洗濯をしたり、掃除をしてあげることは、
みんなちょっとしたことです。
でも、神はこれらすべてを偉大なことと見ておられるのです。

7月3日

●

gift of faith

わたしの願いは、
愛の奉仕を通して、
人々を神に近づけたいということです。
人の魂だけが信仰という神の恵みに向き合うのです。
その恵みを受け入れるか拒むかは、
その人自身の魂にかかっています。
受け入れたり拒んだりということが、
回心につながるのです。
ですから、回心は、
その人の魂における神の業なのです。
わたしなどがすることではありません。

7月4日

●

family prayer

わたしは、両親とわたしたち兄弟が、
毎晩いっしょに祈っていたことを覚えています。
祈りは、
わたしたち家族への神からのいちばんすばらしい贈り物です。
祈りは、家族をひとつにしてくれます。
ですから、家族の祈りに戻りましょう。
そして、あなたの子どもたちに祈りを教え、
いっしょに祈りましょう。
祈りを通して、
あなたは、神があなたにしてほしいと望まれることを
見つけるでしょう。

7月5日

be happy & at peace

行いに愛をこめましょう。
わたしたちの愛の奉仕は、
平和の働き以外の何ものでもありません。
一人ひとりが、より大きな愛と効果的な働きをもって、
仕事や家庭、周りの人たちにかかわる
日々の生活の一つひとつの行いに愛をこめましょう。
平和のうちに喜んでいらっしゃい。
神がくださるものはなんでも受け入れ、
神が取り去られるものはなんでも、
ほほえんで差し上げましょう。

7月6日

no best for the love

わたしたちはだれひとりとして、
絶対に必要な存在であるなどと思ってはなりません。
神は、ご自分のなさり方や方法をお持ちです。
才能ある人や力量のある人の手を使って、
すべてのことを引っくり返すことを
お許しになるかもしれないのです。
愛が織り込まれていなければ、
その働きは無駄なのです。
神は、今までに何冊の本を読んだのか、
などとはお聞きにならないでしょう。
けれども、
神の愛のために最善を尽くしたことがあるかどうかを、
お尋ねになるでしょう。

7月7日

●

unwanted

訪ねてくれる人がだれもいない、お金持ちの人がいます。
彼はたくさんの物に囲まれていて、
それに溺《おぼ》れてしまいそうなほどですが、
そこにはふれ合いがありません。
彼は、あなたとのふれ合いを必要としているのです。
わたしが通りを歩いているとき、
ある人が近づいてきて、こう言いました。
「あなたはマザー・テレサですか？」
わたしは、そうですよ、と答えました。
「どうか、シスターをひとりわたしの家へ送ってください。
わたしは、ほとんど目が見えませんし、
妻は精神的に不安定なのです。
わたしたちは長い間、
ただただ、人の声を聞きたいと望んでいるのです。」
わたしはシスターたちをそこへ送って、

それがほんとうだったと知りました。
彼らはなんでも持っていましたが、
彼らに声をかける人はだれもいないのです。
息子や娘たちは遠くに住んでいました。
いまや両親は子どもたちにとって、
会いたくない人、
役立たずで、言ってしまえば無益な存在でした。
それでこのふたりは、
まったく死にそうなほど孤独だったのです。

7月8日

the parents' love

子どもたちに、家庭で、
お互いに愛し合うことを教えるべきだと思っています。
子どもたちは、両親がお互いに愛し合っているのを見て、
愛するということを、
自分のお父さんやお母さんから学ぶのですから。

7月9日

●

Oh yes, my prayer books

ガザを横断したときのこと。
チェックポイントで、
何か武器を持っていないかと尋ねられました。
わたしはこう答えました。
「ええ、持っていますとも、お祈りの本をね」と。

7月10日

●

no time to smile

まず、あなたの街の、
そして、あなたの家の中の、
心さびしい人を見つけてください。
何よりもあなたの周りの人たちにとって、
福音となってください。
わたしたちは往々にして、
外ではいつもほほえんでいるのに、
家に帰ってくると、
とたんに、ほほえむ時間すらなくなってしまうのです。

7月11日

great gift

ひとりの女性が、
生まれてまだ十週間の赤ちゃんを連れてやってきました。
その子はダウン症でした。
母親の顔は涙でぬれていました。
その子は心臓の手術を受けることになっているので、
手術に耐えられるよう祈ってほしいと、やってきたのです。
わたしは彼女に言いました。
「神はあなたに、このすばらしい命の贈り物をくださいました。
もし神が、その贈り物を返してほしいとお望みなら、
どうか、愛をもって、
喜んで差し上げてください」と。

7月12日

●

everything with joy

喜びは祈り、
喜びは力、
喜びは愛。
喜びは、人の魂を受け止めることのできる愛の網。
喜んで与える人は、もっとも多く与える人です。
神と人々に、あなたの感謝の心を表すいちばんよい方法は、
どんなことでも喜んで受け入れることです。

7月13日

●

divine Providence

以前、ある人が薬の処方箋《しょほうせん》を持って、
マザーハウスにやってきました。
彼のたったひとりの子どもが死にかけているというのです。
彼は、その薬が手に入るように助けてほしい、と頼みました。
ちょうどそのとき、ひとりの人が、
集めた使い残しの薬でいっぱいのカゴを持って、やってきました。
そしてカゴのいちばん上には、
なんと、あの人が必要な薬がのっているではありませんか。
もしそれが、カゴの底の方にあったなら、
わたしは見つけなかったでしょう。
世界中には何億人という子どもたちがいますが、
ほら！　神は、コルカタのスラムにいるその子のため、
薬が手に入るよう、はからってくださったのですよ！
これこそ神の優しさと愛。
これこそ、愛に満ちた神の計り知れないお心です。

7月14日

●

richness

いったんお金に執着すると、
そのお金が与えてくれる、いろいろな余分なものへの執着も起こります。
わたしたちの必要は増えていき、
ひとつのことから、また別のことへと、
限りない不満に陥ってしまうのです。
お金持ちであることは、悪いことではありません。
お金が強い欲望を起こさせるとき、
お金は罪となるのです。
豊かさは神から与えられたものです。
ですから、恵まれない人たちと分ち合うのは、
わたしたちの務めです。

7月15日

●

brothers & sisters

愛と思いやりを、必要としている人々にもたらし、
それを分ち合いましょう。
彼らは、あわれみや、同情を必要としているのではありません。
それどころか、あなたがたを豊かにしてくれるのです。
シスターも、わたしたちも、
この貧しい人々から受けてきた愛で豊かにされました。
わたしたちにとって、
彼らがだれで、どういう人たちかということには、
なんの区別もありません。
彼らは皆、兄弟姉妹です。
わたしたちは皆、家族の一員です。
わたしたちは皆、
同じ愛の御手によって創られた神の子どもなのですから。

7月16日

●

decide for oneself

信仰とは、ふれることのできる何かではありません。
信仰は、神を礼拝すること、つまり良心の問題です。
どんな宗教を選ぶかは、
自分自身で決めなければなりませんし、
あなたは、あなた自身で決めなければなりません。
わたしにとって、
わたしが生き、神を礼拝してきた宗教は、カトリックです。
わたしにとって、これこそが、わたしのほんとうの命であり、
わたしの喜びであり、
わたしのための神の愛の最高の恵みなのです。
神は、これ以上のものをわたしにくださることは、
おできにならなかったのです。

7月17日

●

peace, joy & love

わたしは人々を、自分自身よりも愛しています。
ですから自然に、
わたしの信仰という、すばらしい宝を持っている喜びを
彼らに与えたいと思うのです。
でも、それは、わたしが与えることではありません。
ましてやわたしが、だれに対してであっても、
強いることはできません。
同様に、
だれも、どんな法律でも、どんな政府でも、
わたしに平安と喜びと愛を与えてくれる信仰を、
わたしが選ぶのを妨害したり、
強要したりする権利はないのです。

7月18日

●

share with family

コルカタのトリーグンゲ・クラブでの子どもたちのパーティーで、
修道会創立の二十五周年を祝っているとき、
子どもたちは、気持ちのよい厚くて美しい緑の芝生を、
手でたたいていました。
そして、何がこの草を、こんなに強く育てたのかと尋ねました。
子どもたちはこれまでに、
そのような草を見たことがなかったのです。
わたしは、その子どもたちの多くが、
みんなに配られたケーキ、丸いパン、
お菓子、果物などの入った袋から、
何か、ひとつだけしか食べていないことに、気がつきました。
そこで、どうしてなのか尋ねました。
子どもたちは、兄弟や姉妹がいるので、
彼らと分け合うのだと答えました。

7月19日

●

after Mother Teresa

マザー・テレサの後継者はだれですか？　とよく聞かれます。
そのことに関しては、まったく心配ありません。
神は、もっと謙虚でもっと従順、もっと深い信仰を持った、
つつましい人を見つけてくださるでしょう。
神は彼女を通して、もっと偉大なことをなさるでしょう。
神の愛の宣教者会とその共労者会が、
どこの国のどこへ行っても、
行く先々で、
すべての人の中の神に、ほほえみをもって出会えますように。

7月20日

speaking to us

祈ることを愛しましょう。
日中たびたび祈りの必要を感じ、祈るよう努めましょう。
神は、いつもわたしたちに話しかけておられます。
神に耳を傾けましょう。
神は、わたしたちに、
深い愛と思いやりとゆるしの心を望んでおられます。

7月21日

●

refugee camps

難民キャンプにおける苦しみは、ひどいものです。
キリストが十字架にかけられた、
大きなゴルゴタの丘の再現のように見えます。
援助は必要です。
けれど、ゆるしの心がなければ、
平和はこないでしょう。

7月22日

reconciliation

〈昔のユーゴスラビア〉の状況について。
わたしたちの使命は政治的なものではなく、愛です。
憎しみだけでは何も解決しません。
わたしたちのメッセージは、ただひとつ、平和と和解です。
そうでなければ、
皆にとって飢えと苦しみ、
怒りと憎しみを生み出す緊張しかないからです。

7月23日

●

pray for peace

もし平和や愛が、
交渉のテーブルの正しい位置につくことが許されないのであれば、
憎しみや怒りが、この先何年も続く対立を生み出すでしょう。
それでは何も解決しないばかりか、
何千もの無垢《むく》な命が失われることになるのです。
わたしは、皆さんに、
もっとも急を要する優先課題である平和のために祈るよう、
お願いします。

7月24日

●

if we ask Him

もし、わたしたちが願うなら、
人が失敗したときでも、
神は、方法を見つけてくださいます。

7月25日

●

greet with a smile

わたしたちは、毎朝四時三十分に、
次の言葉で、主に、そしてお互いにあいさつをします。
「神をたたえよう。」
「神に感謝！」
わたしたちが、
いつも互いにほほえみをもって、あいさつできますように。
ほほえみは愛の始まりなのです。

7月26日

●

gift from God

「マザー・テレサ、
あなたは、何でもただで与えて、
貧しい人たちを甘やかしています」と言われたとき、
わたしはこう答えました。
「神ご自身以上に、
わたしたちを甘やかしている方はありません。
神は、いつでもわたしたちに、
ただで与えていらっしゃいます。」
わたしたちの持っている物はすべて、
神からの無償の贈り物です。

7月27日

the greatest injustice

貧しい人たちに対するもっともひどい不正は、
わたしたちが彼らのことを何の役にも立たない、と考えることです。
彼らに、神の子としての尊敬を払うのを忘れることです。
貧しい人々は、人とのふれあいや、
ほほえむことを忘れてしまっているのですが、
彼らにほほえみかけてくれるだれか、
彼らを認めてくれるだれか、
よく思ってくれるだれかが必要なのです。
もっとも恐ろしいことは、
だれからも要らないと思われることです。

7月28日

●

for better things

うぬぼれたり、人に厳しかったり、
わがままでいることは、とても簡単なことです。
けれども、わたしたちは、
もっとすばらしいことのために創られています。
わたしたちはそれぞれに、
たくさんのいいところも、
同様に、悪いところも持っています。
一人ひとりの成功を、ほめ称《たた》えるのはやめましょう。
その称賛は、すべて神に帰すべきです。

7月29日

●

home for the Dying

どうして人々はインドへくるのでしょう？
それは、インドには深い精神性があると信じていて、
それを見いだしたいからです。
そういう人たちの中の多くが、
わたしたちの施設、『死を待つ人の家』へきて、
いっしょに働きます。
彼らの多くは、
すっかり当惑してしまうようです。
そのとき彼らを案内し、導いてあげることはとても大切です。
それにしても、
どうして人々はこの施設を見にくるのでしょう。
ただ見学にきてもしようがない、
ここには、もっと違う何かがあるのですから。
人々はほんとうに神に飢えていて、
旅行することは、彼らの飢えのひとつのあらわれなのです。

7月30日

●

young girl from Paris

パリの女子大生が、両親にこう言ったそうです。

「最終試験の前にマザー・テレサのところへ行って、いっしょに働きたいのです。」

彼女はコルカタへやってきました。

彼女は疲れている様子で、その目にはほほえみがありませんでした。

わたしは、わたしたちが毎日行っている聖体礼拝にくることと、『死を待つ人の家』に定期的に通うことを勧めました。

十回か十二回通った後、彼女は突然やってきて、わたしに腕を回してこう言いました。

「マザー・テレサ、わたしはイエスさまを見つけました！」

わたしは尋ねました。

「どこでイエスさまを見つけたの？」

「『死を待つ人の家』の中でです。」

彼女の顔は喜びでいっぱいでした。

7月31日

●

bond of love

あなたとあなたの家族を思って、
一人ひとりのためにこう祈っています。
主よ、あなたの愛のうちに、
彼らが互いに忠実でありますように。
どうか、何事も、だれも、
彼らをあなたの愛とお互いの愛から
引き離すことがありませんように。
あなたの贈り物である子どもたちが、
愛と一致と喜びと平安の絆《きずな》となりますように。アーメン。

8月

August

8月1日

joy is a sign

神は喜び、喜びは祈り。
そして喜びは、寛容さのしるしです。
あなたが喜びでいっぱいのとき、
もっと身軽に動くことができるし、
何かよいことを人のためにしたい、と思うものです。
喜びは、今ここにおられる神との一致のしるしなのです。

8月2日

●

no difficulty

幼い子どもは、
愛することに、なんのむずかしさも感じません。
愛することに、なんの妨げもないのです。
ですから、イエスさまはこうおっしゃいました。
「幼子のようにならなければ、
神の国に入ることはできない。」

8月3日

●

surrender

もっとも自然なことは、家庭の生活です。
何が、家族をいっしょにするのでしょう、
何が、いっしょに過ごす家族を育てるのでしょう。
それは、お互いに譲り合うこと、忠実であること、
そして、お互いに受け入れ合うことです。

8月4日

●

obedience

もし父親と母親に、お互いの忠実さと譲り合う心がないなら、
自分の子どもたちに忠実を要求するのは、
かなり勇気が要ることでしょう。
今日、わたしたちが抱えている家庭生活の多くの問題は、
ここから出ていると思います。

8月5日

talking of love

わたしは、多くの若い人々が、
麻薬にふけるのを見て驚きました。
わたしはその理由を知ろうとしました。
そして、家庭でだれも彼らを受け止めてくれないからだ、
とわかったのです。

子どもたちにかかわるすべてのこと、
——健康、生きる意味を理解すること、栄養、安全、
そして、子どもたちが神を知り愛するようになるためのすべてが、
わたしたちにかかっていることがわかりました。

子どもたちは、
これらすべてのことについて信頼と希望と期待をもって、
わたしたちを頼りにしているのですから。

わたしたちは、子どもを愛することについて話します。
その心の中で愛と平和が始まるのです。

8月6日

this is my home

路上で見つけた男の子を『子どもの家』に連れてきました。
体を洗い、清潔な服を着せ、必要なものをそろえてあげました。
翌日、その子は逃げ出してしまいました。
そして、だれかに見つかりましたが、また逃げ出してしまうのです。
それで、わたしはシスターたちに言いました。
「こんどあの子が出ていったら、
いったいどこへ行くのか、ついていって見てきてください。」
三回目に逃げ出したとき、ついていくと、
木の下には、その子のお母さんがいました。
彼女はふたつの石の上に小さな土器を置いて、
ゴミ溜めから拾ってきた何かを料理していたのです。
シスターたちはその子に尋ねました。
「どうして逃げ出したの？」
「だって、ここがぼくの家だもの。母さんがいるところだから。」
母親がそこにいる、そここそが彼の家だったのです。

8月7日

five silences

沈黙は、祈りの美しい実です。
言葉の沈黙だけではなく、
心の沈黙、目の沈黙、耳の沈黙、精神の沈黙、
わたしが五つの沈黙と呼んでいる、
これらの沈黙を身につけなくてはなりません。
さあ、あなたの五本の指を使って言ってみて、
そして覚えてください。

8月8日

how a lamp burns

ほんとうの愛は、
並外れた、すばらしいことであるに決まっている、
と思ってはなりません。
そんなものではないのです。
わたしたちの愛に必要なのは、
わたしたちが愛しているあのお方を愛し続けることなのです。
ランプがどうやって燃えているか、ご覧なさい。
油の小さな滴を絶えず費やしながら燃え続けているのです。
もし、もうランプに油の滴がないなら、
灯はともらず、光は消えるのです。

8月9日

little acts

わたしたちのランプの油の滴は、
何でしょうか？
それは毎日の生活の中の小さなこと。
誠実さ、ちょっとした優しい一言、
少しは人を思いやる心、
このような、
ささやかな沈黙や、表情や、思いや、言葉や、しぐさです。

8月10日

●

a little pencil

わたしはいつも、
自分は神の御手にある小さな鉛筆であると言っています。
神がお考えになり、神がお書きになるのです。
神は、すべてのことをなさいます。
でも、ときには、とても大変なはずです。
わたしは折れてしまった鉛筆で、
神はときどき、少し削らなくてはならないからです。
神の手の中の小さな道具になりましょう。
そうすれば、神は、いつでも、どこででも、
あなたがたをお使いになることができます。
わたしたちは、いつでも神に「はい」と言うだけでいいのです。

8月11日

manage budget

ある多国籍企業の会長さんがこられて、ムンバイにあるその企業の土地を寄付してくださるとおっしゃり、まずこうお尋ねになりました。

「マザー、あなたは〈予算〉の管理をどうしているのです?」

わたしは彼に尋ねました。

「いったいだれが、ここへあなたを送ったのですか?」

彼はこう答えました。

「わたしは、ここへこなくては、という心の中に駆り立てるものを感じたのです。」

そこでわたしは言いました。

「あなたのように、わたしに会いにいらっしゃる方々は、皆さん同じことをおっしゃいます。神があなたを、ミスターAを、ミスターX、Y夫人、Zさんをここに送られたことは明らかです。そして、わたしたちの働きに必要な物を提供してくださるのです。

神の恵みがあなたがたを動かすのです。
あなたがたがわたしの〈予算〉です。
イエスさまがお約束なさったように、
神はわたしたちの必要をご存じです。」
わたしは、彼が申し出られた土地をいただき、
そこをアシャダン（希望の贈り物）と名づけました。

8月12日

●

prayer by Newman

これは、わたしがかつてインドの大統領に差し上げたことのある、
ニューマン枢機卿の祈りです。
大統領は、ストレスや困難に直面したとき、
この祈りが自分に安らぎを与えてくれる、と言われました。
「愛するイエスよ、わたしがどこへ行っても、
あなたの香りを振りまくことができるよう、助けてください。
わたしの魂を、あなたの霊と命で満たしてください。
わたしの全存在を、まったくあなたのものとして支配してください。
わたしの人生全体があなたの輝きとなるように、
わたしを通して輝いてください。
わたしに出会うすべての人が、
わたしの中に生きておられるあなたの現存を
感じ取ることができますように。
どうか彼らが、もはやわたしではなく、
イエスよ、あなただけを見つめることができますように。」

8月13日

●

by my example

ニューマン枢機卿の祈り。
「わたしと共におとどまりください。
そうすれば、あなたが輝かれるように、
わたしは輝き始めるでしょう。
その光が他の人々の灯となりますように。
ああ、イエスよ、その灯はわたしのものとなり、
そして、わたしを通して人々に輝きかけるのは、あなたです。
あなたがいちばん望まれる方法で
周りの人々を照らすことによって、
あなたを賛美させてください。
どうか、わたしが人々に説教ではなく、
わたしの行いによる手本と神への愛と、その影響力によって、
あなたを伝えることができますように。
わたしの心に満ちあふれる愛によって、
人々がまっすぐあなたに向かいますように。アーメン。」

8月14日

silence of heart

神のみ顔を見ることができるためには、
まったく汚れなく、透明で、自由な心が必要です。
神が、わたしたちの心の静けさのうちに語りかけてくださるとき、
そのみ声を心の中に聴くことができないなら、
わたしたちは祈ることができないし、
愛を実行に移すこともできないでしょう。

8月15日

●

sacrifice

ビジネス界の方々、
ライオンズやロータリークラブの方々、
ナイト、その他、いろいろの気前のよい小切手を、
持ってきてくださる方々へ

わたしはこうお願いします。
あなたがたが、わたしにくださるものは、
余ったものからではなく、
神の愛のためにされた犠牲の実であることを希望します。
あなたがたが好むものではなく、
あなたがたにとって痛みを伴うものを、
与えなくてはならないのです。
そうすれば、
ほんとうの意味で必要なものまでも奪われて生きている、
貧しい人たちの兄弟となれるでしょう。

8月16日

●

funds of love

愛の基金、親切の基金、平和の基金を興しましょう。
もう一度言います。
近しい人たちから始めましょう。
それから外へ広げていくのです。
わたしたちのこの働き、使命を守りましょう。
間違っても、
わたしたちが、犠牲を払うことなしにお金を集めていると
人々に思わせることがないように。

8月17日

rich nation

あなたがたの国は豊かな国です。
けれどもわたしは、
あなたがたの国の路上で、
酔っぱらって倒れている人を見かけました。
だれも彼を起こしませんし、
だれひとりとして、
彼のことを気にかける様子もありませんでした。
だれも、彼の人間としての尊厳を回復させようとしたり、
彼が神の子ども、わたしたちの兄弟であるということを
意識させようとはしなかったのです。

8月18日

●

terrible disease

どんな病気に対しても、
医薬品や治療法があります。
けれど、だれからも必要とされないという病気は、
喜んで差しのべられる奉仕の手と、
愛するための愛の心があるところでない限り、
癒やされたことはないと、わたしは思います。

8月19日

how empty

与えるために、
どれだけ持っているかが問題なのではなく、
わたしたちがどれだけ空っぽであるか、
ということが大切なのです。
空っぽなので、
日々、十分にいただくことができるのです。
自分自身を見つめることをやめ、
何も持っていないこと、
何者でもないこと、
何もできないことを喜びましょう。
あなたの無があなたを脅かすときはいつでも、
イエスさまに、大きなほほえみをささげましょう。

8月20日

●

why they & not we ?

わたしたちはみな、エチオピアや、その他の場所で起こっている恐ろしい飢餓《きが》について語ります。
そこでは何百何千という人々が、
たった一切れのパンや、一杯の水の不足のために、
死に直面しているのです。
人々は、わたしの手の中で死んでいきました。
けれども、わたしたちはこのことを忘れてしまうのです、
なぜ彼らなのか、なぜわたしたちではないのか、ということを。

8月21日

missionary of Charity

もしわたしが、顔も足もネズミに食い荒らされて、
悪臭を放っているあの女の人を見つけたとき、
素通りしていたとしたら、
今日、神の愛の宣教者会は存在しませんでした。
けれど、わたしは戻って彼女を抱き上げ、
近くの病院へ運びました。
もし、わたしがそうしていなかったとしたら、
会は死んでしまっていることでしょう。
嫌悪を感じることは、
人間なら当然のことですが、
もし、その苦しむ姿の下にイエスさまのみ顔を見るなら、
わたしは聖くなれるでしょう。

8月22日

●

destroys two lives

すべての子どもは神の似姿として、
愛し愛されるという、すばらしいことのために創られたのです。
ですから、ほんとうに子どもが欲しいのかどうか、
前もって、決めておかなくてはなりません。
ひとたび子どもが宿ると、
そこには命、神の命があるのです。
その赤ちゃんは、
生きる権利と保護される権利を持っています。
中絶は、二つの命を壊してしまいます。
ひとつは赤ちゃんの命、
そして、もうひとつは母親の良心です。
その子は神の子ではありませんか？
すばらしいことのために、
あなたや、わたしと同じように
創られたのではありませんか？

8月23日

●

school children

ある日、とても遠くの学校から、
子どもたちのグループがやってきました。
学校で一等、二等の賞を受けた子どもたちが、
ご褒美の代わりにお金をください、
と校長先生にお願いしたのです。
そこで校長先生は、お金を封筒に入れて生徒たちにあげました。
すると、生徒たちがこう言ったのです。
「マザー・テレサのところへ連れていってください。
このお金を、マザーのところの貧しい人たちにあげたいのです。」
ご覧なさい。
この子どもたちが、
そのお金を自分たちのために使わなかったということは、
なんてすばらしいことなんでしょう。

8月24日

●

make them happy

シスターたちへ

棒を持って座り込んで命令するのは、
わたしたちの仕事ではありません。
子どもたちは、おなかをすかしてくるのです。
ですから、彼らの時間を無駄にしてはいけません。
子どもたちは、何かを学ばなくてはならないのです。
どうか、彼らを幸せにしてあげてください。
この子たちは、もう十分に苦しんでいるのですから。
普通の学校に通っている子どもたちと
同じように扱うことはできないのです。
この子どもたちのいったい何人が、
午後の三時に、その日初めての食べ物を口にすると思いますか？
この子どもたちは、
両親が夕食を与えることができないのを知っているので、

それを食べないですむようにしているのです。
わたしたちは軽率にも、
幼い子どもたちを傷つけるようなことを言ったりします。
わたしたちの無知のために、
子どもたちはもうここへこなくなるのです。
学校で見つけたいと思っている小さな慰めすら、
彼らには与えられなくなるのです。

8月25日

●

“may I have”

わたしは書いて書いて書き続けているとき、
ペンを、あっという間に使い尽くしてしまうことに気がつきます。
ペンのインクが残り少なくなってくると、
シスターが、わたしの手にいつも新しいペンを渡してくれますが、
わたしは必ず彼女にそのペンを戻すのです。
わたしはどんなものであっても
許可なしには何も受け取らないようにしているからです。
この言葉を使いましょう、
「いただいて、よろしいでしょうか？」

8月26日

●

love for each other

わたしたちの生活が神の愛でいっぱいになっていない限り、
わたしたちの心が汚れなく純粋でない限り、
わたしたちは何も分かち合うことができません。
イエスさまはおっしゃいました。
「心の清い人は幸い、その人は神を見る。」
もしわたしたちが互いの中に神を見いださないなら、
愛することは、とてもむずかしいことでしょう。
愛は家庭で始まるのです。
家族は互いに愛し合わなくてはなりません。

8月27日

teach parents

コルカタの幼い子どもが、
誕生日をお祝いしてもらいました。
彼の両親は、
いつもその子にたくさんのプレゼントと、
大きなパーティーをしてくれました。
ある年、
彼は両親に、自分のために使うお金全部を、
マザー・テレサのところにあげたい、とお願いしたのです。
そして、誕生日の朝、
両親は車でその子を連れてきて、
お金の入った封筒をわたしに渡しました。
その子は、両親に多くのことを教えたのでした。
これこそが愛の行為なのです。

8月28日

travelling

わたしに求められていることのひとつは、
わたしが行くところ、
どこへでもついてくるメディアの人たちと、旅をすることです。
そこでわたしは、イエスさまにこう申し上げました。
もしわたしがどんな理由にしろ、
天国へ行けそうもないとしても、
こういう旅行やメディアのおかげで
天国へ行くことができるでしょう。
こういうことは、わたしにとって清めと犠牲の機会となり、
天国への準備をさせてくれることになるからです。

8月29日

●

death is going home

死は、自分の家に帰ることですが、
人は、何が起こるかを恐れて死にたくないものです。
そこには良心の問題もあります。
〈もっとよくやるべきだったのに〉と。
わたしたちは生きたように死ぬものです。
死とは人生の続きであり、
また、人生を完成させるだけでなく、
体をお返しするに過ぎないのです。
しかし、心と魂はずっと永遠に生き続けます。
死なないのです。

8月30日

●

be cheerful & happy

ご両親へ

子どもたちが、自分たちのお父さんとお母さんから、
どのように互いに愛し合うのかを学ぶことは、
とても大切なことです。
学校ででではなく、先生からでもなく、あなたがたから。
あなたがたが、
子どもたちと、ほほえみを交わす喜びを共有することも、
とても大切です。
意見の相違はあるでしょう。
どんな家庭にも、辛《つら》いときや苦しいときがあります。
そんなときは必ず、まずほほえんでゆるすこと。
いつも朗らかで、幸せでありますように。

8月31日

love in to action

世界中どこでも、みんな神の愛に飢えています。
あなたがたの方法は、
平和や愛を行動によって広めていくことです。
そして、わたしたちの方法は、
その愛を、病気や、死にかけていたり、
だれからも必要とされていない人たちに奉仕する
ひとつひとつの行為に注ぎ込むことなのです。
お互いのために祈りましょう。
そして、お互いに誠実さをもって助け合いましょう。
わたしたちが世界の問題を克服し、
神は愛であり、わたしたちが互いに愛し合うように、
神はわたしたち一人ひとりを愛しておられる、
というメッセージを、世界中に伝えましょう。

9月

September

9月1日

●

joy on both sides

あるときわたしは、ひとりの方から十五ドルをいただきました。
彼は二十年間も寝たきりで、
動かすことができるのは、右手だけです。
そして、そんな彼の唯一の楽しみは、
たばこを吸うことなのです。
彼は、わたしに言いました。
「一週間たばこをやめた分のお金を、あなたに送ります。」
それは彼にとっては、大変な犠牲だったでしょう。
けれど、これは、なんと美しい分かち合いなのでしょう。
さっそく、彼のお金でパンを買って、
おなかをすかしている人たちにあげました。
どちらの側にも喜びがありました。
彼は与えることで、貧しい人たちは受けることで。

9月2日

●

be kind & merciful

親切で慈しみ深くありなさい。
あなたに会った人はだれでも、
きたときよりももっと気持ちよく、
もっと幸せになって帰るようにしましょう。
神の優しさの生きたしるしになりなさい。
あなたの表情に、あなたの瞳《ひとみ》に、あなたのほほえみに、
あなたの温かなあいさつに、親切が表れますように。
子どもたちに、貧しい人に、
苦しみや孤独を感じているすべての人に、
いつも温かいほほえみを向けましょう。
お世話をするだけではなく、あなたの心も与えなさい。

9月3日

●

the nuclear bomb

この世界における核爆弾の存在は、
国家間に恐怖と不信を引き起こしています。
それは、この世界の中で、
神のすばらしい現存である人間の命を破壊してしまう、
もうひとつの手段です。
いったい、どうやって
平和は打ち立てられるのでしょうか？
わたしたちが愛し合う以外にはないのです。
権力やお金のために戦っている強欲な人たちは、
愛を知らないのです。
ただ愛だけが、家庭に、社会に、そして、この世界に
平和をもたらすことができるのです。

9月4日

●

privilege & responsibility

学生の皆さんへ

教皇ピオ十二世は賢明な洞察力をもって、
明日の社会を方向づけるのは、
多分に今日の大学生の心と精神にかかっている、
と述べておられます。
そしてこのお考えは、これから勉強を始める若い人にも、
今日、あなたがたが持っている多くの権利と責任に気づく、
ひとつのきっかけとなることでしょう。
大学は、あなたの養成を完成させるための、
あらゆる優れた手段をそろえて提供しています。
でも、あなたがたは、決して自分のことだけを考えてはいけません。
あなたがたは、社会をつくりあげるために、呼ばれているのです。
大学生として、あなた自身の自由な選択で、十分に知り、
理解することを学ぶための豊富な手段を持っているのです。

9月5日

self-knowledge & sin

わたしたちは、自己認識と罪の違いを
区別できるようにならなくてはなりません。
自己認識は、人を高めるのを助けますが、
罪は、罪を繰り返させ、失望に導くのです。
深い自信と信頼は、自己認識を通して得られます。
ところで、あなたは自分の弱さを支えるために
イエスさまに向かうでしょうが、
もしもあなたが、自分は強い、などと思っているのなら、
主を必要としないでしょう。

9月6日

helping others

あるお金持ちがわたしのところへきて、
家とか車とか、彼の生活の中の何かを差し上げたいと言いました。
わたしはこう勧めました。
「あなたがお店で新しいスーツとか、何か衣類を買うとき、
いちばんいいものを買う代わりに、
少し安いのを買うようにして、
その残ったお金で、
だれかに何かを買って差し上げたらどうでしょうか。
貧しい人たちにならもっといいですけれど。」
わたしがこう言い終わるや否や、
彼はほんとうに驚いた様子で、こう叫びました。
「ええ? それでいいんですか、マザー?
今までそんなふうに思ったことはなかった。」
彼が立ち去るとき、他の人の役に立つことを考えて、
彼はほんとうに幸せそうで、喜びに満ちあふれていました。

9月7日

Gandhiji said

神はどこにおられるのでしょうか？
神はどこにでもいらっしゃると、わたしたちは信じています。
神は創造主であり、神はすべてです。
でも、わたしのこの人間の目には、
神はどこにおられるのでしょう？
この人間の目を通して、神のみ顔を見ることができるように、
神はご自身を、
あの飢えた人に、あの着るもののない人に、
あのホームレスの人に、
あの独りぼっちの人にされたのです。
そして、神はおっしゃいます。
「わたしの仲間のもっとも小さいひとりにすることはすべて、
わたしにすることなのだ。」
ガンジーも、かつてこう言いました。
「貧しい者に奉仕する者は、神に奉仕する者である。」

9月8日
●
everywhere you go

共労者会の皆さんへ

あなたがたの貧しい人々に、イエスさまを与え続けてください。
言葉ではなく、あなた自身の生きている模範で、
イエスさまとの愛を生きることで、
神の神聖さの輝きとなって、
あなたがたが行くところ、どこへでも、
神の香りを振りまいてください。
イエスさまの喜びを、あなたの力として保ち続けましょう。
平和のうちに、喜んでいらっしゃい。
あなたがたは神のものです。
神にこう申し上げましょう。
「わたしはあなたのもの、
もしも、あなたがわたしを粉々にされても、
ひとつ残らずすべて、あなたのものなのです。」

9月9日

●

"Ask and you will receive"

いったい何が、わたしにこの仕事を始めさせたのでしょう?
いったい何が、わたしを奮い立たせ、
何年もの間、続けさせたのでしょう?
それはイエスさまです。
わたしたちは、イエスさまのためにしているのです。
わたしは、イエスさまをお言葉どおりに受け入れ、
そしてイエスさまは、
決してわたしを失望させることはなさいません。
イエスさまはおっしゃっています。
「求めなさい、そうすれば、与えられるだろう。」
ですから、わたしはお願いします。
もしその願いが神の栄光のためであれば、
イエスさまはかなえてくださいます。
もしそうでなければ、お願いは忘れてしまいましょう。
神は、何がわたしたちにとって善いことなのか、ご存じなのです。

9月10日

●

he was calling me

わたしが神の声を聴いたのは、
汽車でダージリンへ向かう旅の途中でした。
わたしには、神の声であることが、はっきりとわかりました。
神が呼んでおられると、わたしは確信しました。
メッセージは、はっきりとしていました。
貧しい人々の中に住んで彼らを助けるために、
修道会を去らなければなりません。
これは神のご命令であり、
実行されなくてはならない、はっきりしたことだったのです。
招きは、神とわたしの間のことです。
大事なことは、
神がわたしたちをそれぞれ違う方法で
お呼びになるということです。
あの困難で劇的な日々に、
これは神のなさるみ業であって、

わたしの働きではないということは確信していましたし、
今もそう信じています。
これは神の業です。
そして、世界はそこから恵みを受けるであろうということが、
わたしにはわかっていたのです。

9月11日

the mystery of God

知識を増すことは、
わたしたちの信仰をくもらせることではありません。
それはただ、神の創造の偉大さを示すに過ぎないのです。
わたしたちには、理解できないことがよくあります。
ここに、聖アウグスティヌスのすばらしいお手本があります。
彼は、三位一体の神の創造の偉大さを理解しようと
もがいていました。
人間の知性では、把握することができなかったのです。
あるとき彼は、
砂浜の穴を水でいっぱいにしようとしている
小さな男の子に近づいて、
何をしているのか、と尋ねました。
「海の水を全部ここに入れようとしているんだよ」
と、その子は答えました。
「そんなことは不可能だよ」と、

アウグスティヌスは言いました。

ところが、その子は天使だったのです。

そして、こう言いました。

「あなたが神の神秘を理解することと比べれば、この穴を海の水でいっぱいにすることのほうが、はるかにやさしいことです。」

9月12日

●

the poor are still there

ある日、わたしが仕事をしていると、
シスターが入ってきて言いました。

「旅行者の方がお会いしたいそうです。

彼は先日も会いにきた人です。」

わたしは言いました。

「彼に、カリガートへ行って、働くように言ってください。」

「彼は昨日、カリガートに行ってきたと言っています。」

「そうですか」とわたしは言いました。

「彼は今日も行くことができますよ。

貧しい人たちは、いつもそこにいるのですから。」

9月13日

●

destroyer of peace

多くの人たちが、
インドやアフリカなどの、
飢えて死んでいくたくさんの子どもたちについて
心配してくださっています。
多くの人たちが、
アメリカのような大きな国でおこる暴力についても
心配しています。
こうした関心は、たいへんよいことです。
けれど、ときどき同じ人たちが、
実の母親の心次第で殺されていく
何百万という命について関心がないのは、
どうしてなのでしょう。
中絶、
これこそが、今日の平和のもっとも恐ろしい破壊者なのです。
中絶は、人々を、これほどまでに盲目にしてしまうのです。

9月14日

●

the responsibility

貧しい人や困窮している人への援助は、
国だけの責任ではありません。
それは、一人ひとりの責任なのです。
すべての人が、
自分の兄弟や姉妹の必要としていることを、
心配していなくてはならないのです。

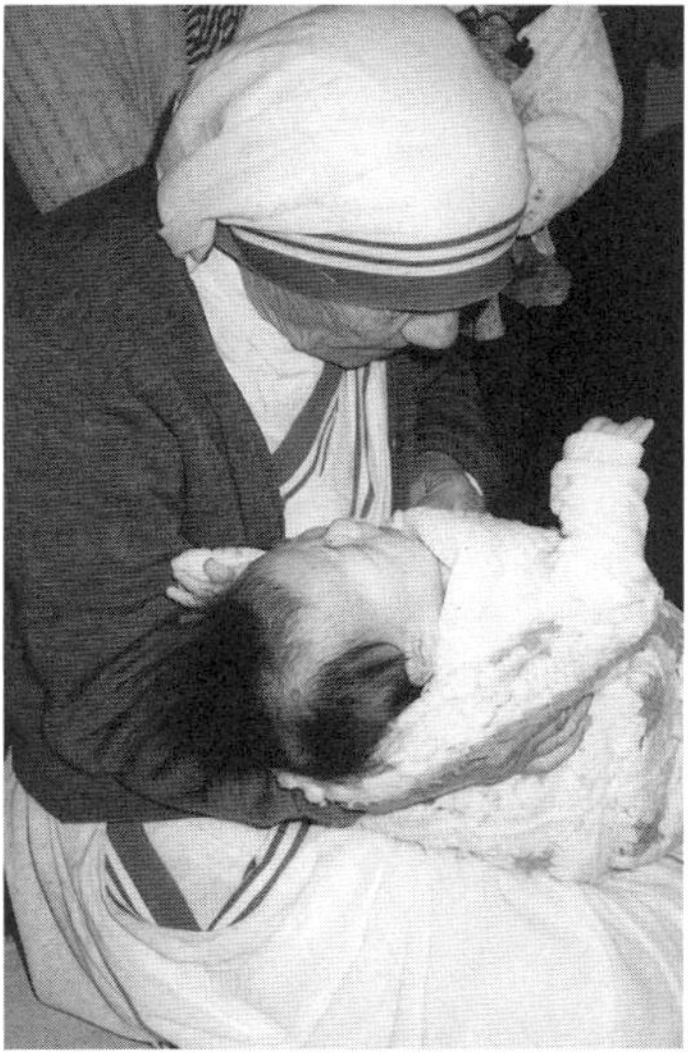

9月15日

●

dive into it

貧困の問題を、知的に知ろうというのでは、
それを理解することにはなりません。
読書によってではなく、
スラム街を歩いたり、
貧困の持つ悪い面と良い面について感心したり、
残念に思ったりすることによって理解していくのです。
つまり、わたしたちは、そこに飛び込んで、
そこに住んで、
そこで分かち合わなくてはならないのです。

9月16日

●

go to Kalighat

ヘルパーとボランティアの皆さんへ

直接のふれあいを通して、
他の人たちに気づいてください。
カリガートの『死を待つ人の家』へ行って、
本からではなく、
あなたが二度と忘れることのないような環境の中で、
現実の人々の、つらい、混乱に満ちた人生を、
どうぞ、学んできてください。

9月17日

hungry for home

ロンドンでのこと、
ある晩、わたしは、シスターたちといっしょに
貧しい人々を訪問するために出かけました。
わたしたちは、長髪の少年が他の人たちといっしょに
路上に座っているのを見かけました。
わたしは、彼に声をかけました。
「あなたは、ここにいるべきじゃないわ。
おうちで、お母さんとお父さんといっしょにいなさい。
ここは、あなたのいる所ではありませんよ。」
少年は言いました。
「ママは、ぼくがいやなんだ。
ぼくが家に行くたびに、ママはぼくを外へ追い出すのさ。
ママは、ぼくのこのロングヘアーが耐えられないんだって。」
わたしたちが帰りにそこを通ったとき、
さっきの少年は道路に横たわっていました。

彼は、薬を飲みすぎたのです。
わたしたちは彼を病院へ運びました。
そして、次のことを、
よくよく考えないではいられませんでした。
自分の家庭に飢えている子どもが、ここにいたのです。
母親は、彼のためには時間がありませんでした。
これは、ひどい貧困です。
ここでこそ、あなたや、わたしが、
この世界をなんとか、よりよい世界にしなくてはなりません。

9月18日

●

no shame in asking

もし、経験がないならば、尋ねなさい。
尋ねることは恥ずかしいことではありません。
けれど、
知らないことを知っているようなふりをするのは、
やめましょう。

9月19日

●

refugees

人類の苦しみの流れは、
ますます大きくなってきています。
このことは、特に難民たちについて言えます。
そこには、特別な苦しみがあります。
彼らは飢饉《ききん》や迫害、戦争や自然災害だけではなく、
不可抗力に押し流されていくといった、
恐ろしい苦境に立たされ、日夜、苦しんでいるのです。
彼らには、家と呼ぶものがどこにもありません。
そして、しばしば
助けを求める叫びに耳をかす用意のある人すら、
ひとりもいないのです。

9月20日

●

you gave me a home

神にとって、わたしたち一人ひとりは、
とても特別な存在であり、
それぞれがユニークな被造物なのです。
わたしたちは、ひとつの世界です。
わたしたちはみんな、
イエス・キリストにおいて兄弟姉妹なのです。
わたしたちは、苦しんでいるすべての兄弟姉妹のために
働かなくてはなりません。
そして、神がこう言われるのを聞きましょう。
「わたしは難民だった、
そのとき、あなたはわたしに家を与えてくれた。」

9月21日

●

going home to God

すべての宗教は永遠なるもの、
つまり、もうひとつの命を信じています。
この地上の人生は終わりではありません。
終わりだと信じている人たちは、死を怖れます。
もしも、死は神の家に帰ることだと正しく説明されれば、
死を恐れることなどなくなるのです。

9月22日

searching questions

アジスアベバで、王室の大臣が、
いくつかの鋭い質問をしました。
「あなたがたは、政府に何を要望しますか？」
「何もありません。
わたしはただ、シスターたちが、
貧しく苦しんでいる人たちの中で働かせていただけるよう
お願いするためにきたのです。」
「シスターたちは何をするのですか？」
「貧しい人々の中でももっとも貧しい人たちに、
真心をこめて、無償の奉仕をします。」
「シスターたちは、どんな資格を持っていますか？」
「わたしたちは、だれからも必要とされていない、
愛されていないと感じている人たちに、
優しい愛と、思いやりをもたらそうとしています。」
「あなたがたは、改宗するよう説教するのですか？」

「わたしたちの愛の奉仕は、
苦しんでいる貧しい人たちに、
彼らに対する神の愛を知らせることです。」

9月23日

poverty of the heart

この世界のもっともひどい貧困は、
食べ物の欠乏ではなく、愛の欠乏です。
あなたがたの国のような豊かな国の場合、
持っているものに決して満足しない人たち、
我慢を知らない人たち、
絶望に身をゆだねる人たち、
これが富める国の人々にとっての貧困です。
心の貧困は、
しばしばもっと回復しにくく、
打ち勝つのがもっとむずかしいものです。

9月24日

students in Japan

学生の皆さんへ

あなたがたはこの国の未来です。
あなたがたの多くが愛に感動できるとしたら、
それは、なんとすばらしいでしょう。
もし皆が顔をあげて、
あの愛、あの思いやりを見ることができたら。
もしあなたがたが、
日本における神の愛の燃える炎となれたら、
日本はなんとすばらしい国になることでしょう。

9月25日

give our heart

ほんとうの愛は、祈りの中で、
神と共に始まらなくてはなりません。
もしわたしたちが祈るなら、
愛することができるでしょう。
もしわたしたちが愛するなら、
奉仕することができるでしょう。
貧しい人たちもまた、
もっとすばらしいことのために、創られたのですから。
わたしたちみんなが彼らを愛するよう、
わたしたちの心をささげると約束しましょう。

9月26日

●

why do we worry

クック枢機卿が、
ハーレムで働くシスターひとりに対して月五百ドルをくださると、
申し出てくださいました。
でも、わたしは申し上げました。
神が、このニューヨークで破産宣言をされるとお思いですか？
神は、いつでも手段を与えてくださいます。
どうして思い煩うことがあるでしょうか？

9月27日

●

hope for the future

子どもたちは、彼らを受け入れ、
彼らを愛して、彼らをほめ、
彼らを誇りとしてくれる、だれかを熱望しているのです。
子どもたちを、わたしたちの注意や関心の中心に、
もう一度戻そうではありませんか。
こうすることが、
唯一、この世界が生き延びる道なのです。
子どもたちは、未来への唯一の希望だからです。
お年寄りが神に呼ばれるとき、
その子どもたちだけが、
彼らの場所を引き継ぐことができるのです。

9月28日

the Holy Family

わたしといっしょに、家族のために祈ってください。
御父よ、あなたはわたしたちに、
ナザレの聖家族を模範として与えてくださいました。
ああ、天の御父よ、
どうか、わたしたちの家族を、
愛と、平安と、喜びが君臨する
もうひとつのナザレの聖家族にしてください。
どうか、深く瞑想的《めいそうてき》で
熱心な感謝と喜びにあふれる家族となりますように。
家族の祈りを通して、
喜びと悲しみを、共に分かち合うように力を与えてください。
家族の一人ひとりの中に、
特に彼らの苦しむ姿に身をやつしたイエスさまを見ることを、
教えてください。

9月29日

●

Peace-Unity-Joy

祈りの実は、清い心、
そして、清い心は、自由に愛します。
愛の実は、平和、一致、喜びです。

9月30日

●

the love of the home

健康な女性に、ただ物を与えるのは、
善よりも害を与えることです。
それは、彼女たちを物乞いにさせてしまうからです。
ですから、自分たちが与えたものに、
彼女たちが依存してしまうことのないように、
いつも気をつけていてください。
彼女たちには、何かを教えなくてはなりません。
針仕事、タイプを打つこと、洋裁。
彼女たちに、家庭を愛することも教えなくてはなりません。
彼女たちの小さな家庭を美しいものにするために。

１０月

October

10月1日

love is a fruit

愛は、一年中、
わたしたちの手の届くところにある果実のようです。
だれでもそれを集めることができ、
制限はありません。
すべての人が、黙想と祈りと犠牲の精神を通して、
この愛に到達できるのです。

10月2日

●

not become attached

神は、わたしたちがすべてのことに成功するのではなく、
忠実であることを求めておられます。
どんなにわたしたちの仕事がすばらしくても、
それに執着しないようにしましょう。
いつでも心の平安を失うことなく、
なんでも差し上げる用意をしておきましょう。

10月3日

●

less and less in touch

今日、
世界のあらゆる苦しみは、家庭から始まるということが、
ますますよくわかります。
今日、
わたしたちは、家族がお互いに顔を合わせたり、
話し合ったり、楽しむ時間すらないありさまです。
ましてや子どもたちが、期待していること、
夫が妻から、妻が夫から期待していることを与えるためには、
ほとんど時間がないのです。
ですから、ますます家庭から離れていき、
ますますお互い同士のふれあいが少なくなっていくのです。

10月4日

●

we learn to share

富やお金は、わたしたちを豊かにはしません。
わたしたちを豊かにするのは、
わたしたちのそれらに対する態度なのです。
神はわたしたちに、分かち合うために、
物を与えてくださいます。
取って置くためにに、与えてくださるのではありません。
わたしたちが、分かち合うことを身につければつけるほど、
互いにもっとわかり合うようになり、
愛し合うようになります。
そして、もし、わたしたちが互いに愛し合うようになれば、
わたしたちが持っている喜びをこそ、
分かち合うことができるようになるでしょう。

10月5日

●

"They are hungry also"

忘れられないことですが、ある夜、ひとりの紳士がやってきて、
「八人の子どものいる家族がいて、
このところ何も食べていない様子です。
彼らのために何かしてあげてください」と言いました。
そこでわたしは、お米を持ってその家へ行きました。
母親はお米を受け取ると、ふたつに分けて、出ていったのです。
子どもたちの顔には、飢えがはっきり表れていました。
母親が戻ってきたとき、どこに行っていたのかと尋ねました。
彼女の答えは、簡単でした。
「あの人たちも、おなかをすかしているのです。」
〈あの人たち〉とはお隣の家族のことで、
彼女は、彼らが何も食べていないことを知っていたのです。
わたしは、彼女がお米を分けてあげたので驚いたのではありません。
彼女がその事実を知っていた、ということに驚かされました。
（つづく）

10月6日

do we know neighbor ?

分かち合う愛を知っているこの母親の顔が、
幸せに輝いているのを見るのは、なんとすばらしいことでしょう。
わたしには、いったい、いつから何も食べていなかったのかを
尋ねる勇気は、とてもありませんでした。
けれど、かなり長い間であったことは確かでしょう。
それなのに、この母親は、
彼女の苦しみ、悲しみ、肉体的なひどい苦痛の中でなお、
隣の家族も飢えているということを知っていたのです。
わたしたちは、周りの人たちが愛を必要としていることを、
知っているでしょうか？
周りの人たちが助けを必要としていることを、
知っているでしょうか？
この家族が示してくれた手本のように、
神は、決してわたしたちのことを忘れたりなさいません。
そこにはいつでもあなたや、わたしにできることが必ずあるのです。

10月7日

●

a cheerful giver

喜びは祈り、喜びは力、喜びは愛。
神は、喜んで与える人を愛されます。
わたしたちが、
神と人々に感謝の心を表すいちばんよい方法は、
どんなことでも喜んで受け入れることです。

10月8日

the poorest of the poor

わたしたちの贈り物に、
どれだけ愛を注いでいるでしょうか？
たとえ、どんなにお金持ちであっても、
愛を与え、愛を受け入れることのできない人は、
貧しい人の中でも、もっとも貧しい人です。

10月9日

●

God's mercy

あなたが何もしていないと感じるときでも、
心配することはありません。
神は、愛すべきお父さまです。
神の慈しみは、わたしたちが想像するよりも、
はるかに大きいのです。
シスターたちも、彼女たちの仕事ができるように、
あなたの祈りを必要としています。
貧しい人たちには、
あなたの助けが、あなたの理解が、あなたの愛が、必要なのです。
わたしたちはみんな、どこにいても、
与え、分かち合い、貢献できるものがたくさんあります。

10月10日

cross must be there

聖性は、少数の恵まれた人々のための特権ではありません。
すべての人が聖性に招かれているのです。
わたしは、聖性だけが、
人々とわたしたちの人生のあらゆる苦悩、
不幸や悪に打ち勝つことを可能にすると思います。
わたしたちの苦しみもまた、
それを正しく使うならば、神の贈り物となるからです。
十字架はそこにあるのですから、神に感謝しましょう。

10月11日

we are instruments

わたしたちは、水路ではなくて道具なのです。
水路は、それ自身では何も与えません。
ただ、水を通すだけなのです。
わたしたちの活動では、
わたしたちは、神の御手の中のペンのようなものです。
神が、美しく書いてくださいます。

10月12日

tender love & compassion

お医者さま方へ

あなたがたの生活は、神聖です。
病気の人を癒やすとき、病気の人々にふれるのですから。
イエスさまはおっしゃいました。
「あなたが、それをわたしにしてくれた。」
あなたがたの心は、なんと愛に満ちあふれていることでしょう。
病気の人、孤独な人、体の不自由な人が、
希望をもってあなたのところへやってくるのですから。
彼らは、あなたの優しい愛と、
思いやりの心を受けることができるにちがいないのですから。

10月13日

●

I belong to Him

ある人が尋ねました。
「神の愛の宣教者会の総長ではなくなったら、
あなたは何をしますか？」
わたしは答えました。
「わたしは、トイレと水道管の一流の掃除屋さんです。
わたしたちが何をするかではなく、
その行いの中にどれだけ愛を注ぐかが大切なのです。
もし、わたしがキリストのもので、
彼がそのとき、わたしにお望みのことなら、
トイレを洗おうと、
ハンセン病の人たちのお世話をしようと、
アメリカの大統領と話そうと、同じことです。
わたしは、神がわたしに望んでおられるように存在するのですから、
神が、望んでおられるように行います。
わたしはただ神のものです。」

10月14日

message to Japanese

愛するようになるには、知らなくてはなりません。
あなたがたは、
自分たちの近くにいる貧しい人を知っていますか？
この日本で——こんなに豊かな美しい国で、
貧しい人のいることを知っていますか？
あなたの家庭にも、
もしかしたら、病気の人、見捨てられたと感じている人、
愛されていないと感じている人がいるかもしれません。
それを知っていますか？
あなたは自分のおじいさん、おばあさんでさえ、
またはお父さんお母さんでさえ、見るひまがないかもしれない。
そこです。
愛は家庭から始まります。
あなたの隣の家に、どんな人がいるか知っているでしょうか？

10月15日

pouring into the lamp

あなたがた、苦しむ兄弟姉妹の一人ひとりを考えると、
わたしの仕事はずっと楽なものになり、
もっと心からほほえむことができるようになるのに気づきます。
あなたの生活の灯に、愛と犠牲の油を注ぎ続けるために、
イエスさまはあなたを必要としておられます。
あなたがたこそ、
イエスさまのご受難を、ほんとうに体験しているのです。
今のあなたのように、
打たれ、傷つけられ、痛みと傷だらけで、
イエスさまが、あなたの生活の中に入ってきてくださったように、
あなたもイエスさまを受け入れてください。

10月16日

●

we have only today

昨日は過ぎてしまいました。
明日はまだきていません。
わたしたちには、今日だけがあるのです。
もし、わたしたちが、子どもたちを今日のために助けるならば、
彼らは、いっそう大きな愛をもって人生と向き合うために、
必要な勇気を持つことでしょう。

10月17日

●

in silence

沈黙は、神と、そしてお互いとを結びつける根っこです。
沈黙の中でこそ、わたしたちは、
すべてのことを喜んで行うのを可能にする
神ご自身のエネルギーで満たされるのです。
沈黙の祈りの中で、
そのエネルギーを受ければ受けるほど、
活動的な生活の中で、
もっと人々に与えることができるのです。

10月18日

mistakes in kindness

親切で間違いを犯すほうが、
不親切で奇跡を行うより、ずっとよいことです。
自分自身に優しく、
バランスを保って、自分自身をコントロールすることは、
とても重要なことです。
もしも、わたしたちがお互いに、
穏やかで調和のとれた生活をしていたいなら、
言葉に気をつけなくてはなりません。
特に、貧しい人たちと接するときは、
彼らと話すことについて
十分気をつけていなければなりません。

10月19日

●

the form of a servant

神がいかに謙虚でいらっしゃるか、ということに心を打たれます。
神は、神であるにもかかわらず、
しもべの姿をとっておられます。
今日もなお神は、
わたしたちのように弱く、不完全な道具をお使いになることで、
ご自分の謙虚さを示していらっしゃるのです。
神は、わたしたちを通して働いておられます。
ですから、心に喜びを持たなくてはなりません。
喜びと謙虚さは両立できるのですから。

10月20日

●

you must love

お医者さま方へ

あなたがたの家庭に愛がないなら、
患者さんや、苦しんでいる人たちを愛することはできません。
だからこそ、あなたがたは愛するように努めるだけではなくて、
愛さなくてはならないのです。
だからこそ、患者さんにふれる前に、患者さんに耳を傾ける前に、
どうぞ、祈ってください。
あなたがたには、その患者さんを愛するための清い心と、
患者さんにふれるための汚れのない手が必要なのですから。
わたしはあなたがたのために祈ります。
あなたがたの手と、心の働きを通して、
あなたがたが、ますます聖性に向かって成長されますように。
わたしたちの主にお約束しましょう。
医療行為を通して、あなたがたが聖くなることを。

10月21日

benefit of the poor

ロータリークラブや、ライオンズクラブや、ナイトの方々へ
あなたがたは、影響力のある方々です。
あなたがたは、権力や財力をお持ちです。
ですから、どうか、それらの力を社会の善いことのために、
特に貧しい人たちのためにお使いになってください。

10月22日

●

children of God

もうひとりを食べさせること、
もうひとりを学校へやることを恐れるがゆえに、
死んでいかなくてはならない子どもたちがいる、ということは、
ほんとうにほんとうに、ひどい貧困だとわたしは思います。
家族の中の、もうひとりのお年寄りを
食べさせなければならないという恐れは、
その老人を追い出すということを意味するのです。
わたしたちもまたいつの日か、
わたしたちの主人である神に会わなくてはなりません。
あの幼い子どもについて、
あの年老いた父や母のことについて、
わたしたちは、いったい、
神に、なんと申し開きをするのでしょうか。
彼らは神の被造物であり、神の子どもたちなのです。

10月23日

●

open your heart

若い方たち、
これはあなたがたにとって、すばらしいことです。
神が、あなたがたにくださった愛に心を開いてください。
神は、あなたがたを優しく愛しておられます。
神はあなたがたに、持っているためではなく、
分かち合うために多くを与えてくださるでしょう。
あなたがたの持つものが少なければ少ないほど、
持っている以上に与えることができ、
あなたがたが多くを持てば持つほど、
与えることが少なくなるのです。
ですから、祈るときにはこうお願いをしましょう。
どうか、自分が傷つくまで与える勇気を与えてください、と。

10月24日

●

faith in action

こうおっしゃる若い人へ。
「わたしには、決してできやしません。わたしは、マザー・テレサじゃないんです。」
わたしは、彼らに言うでしょう。
あなたがたには、清い心が必要です。
わたしたちは、その心を祈りによって得ているのです。
それは、大きな愛の始まりなのです。
清い心で祈ることによって、
貧しい人たちの中にイエスさまを見いだし、
救い主が彼らにしてほしいと望まれることは、
何でもできるようになるでしょう。
飢えている人に食べ物を、裸の人に着る物を、家のない人に家を、
ただ愛のために与えることを。
このごろの若い人たちは、愛の行為や信仰のこもった行為を、
耳で聞くよりも直接見たいと切望しています。

10月25日

●

reduce self-will

深い自信と信頼は、自己認識から生まれます。
深い自己認識に基づいて、
あなたは、イエスさまに向かって
自分の弱さを支えてくださるようにお願いするでしょう。
しかし、あなたが、自分は強いと考えるならば、
主を必要としないでしょう。
自分の頑固さをなくすよう最善を尽くしなさい。
あなた自身も含めた、周りのことに意識を向けなさい。
自分ひとりのためには、何もしてはなりません。
そうしていると、
あなたも必ず神の恵みを受けることができるでしょう。

10月26日

my will comes in

わたしが悪を選ぶとき、罪を犯します。
そこに、わたしの自由意志が入り込むからです。
たとえ何かを犠牲にしてであっても、
わたしが、自分のために何かを得ようとするなら、
わたしは意図的に罪を選んでいるのです。
たとえば、わたしがウソをつきたいという誘惑にかられ、
それを受け入れるとします。
わたしは、神と自分の間に障害物を置いたことになるのです。
ウソ（lie）は、わたしに勝ったのです。
わたし自身は、
神の前に横たわること（lie）のほうを好みますが。

10月27日

knowledge leads to love

愛し、愛されるために、
兄弟姉妹のことを知らなくてはなりません。
知ることは、いつも愛することに導いてくれます。
そして、行いに表れる愛が奉仕なのです。
ですから、わたしたちの働きは、
わたしたちの神への愛の表現にすぎません。

10月28日

●

life being destroyed

わたしたちを創られた神と、
わたしたちに命を与え、受け入れ、
十分に世話をしてくれた両親。
神と両親の愛のおかげで、
わたしたち一人ひとりは今日ここにいるのです。
命は、神のもっともすばらしい贈り物です。
だからこそ、
今日世界の至る所で起きている戦争や、暴力や、中絶によって、
故意に命が踏みにじられているのを見るのは、
とても痛ましいことです。

10月29日

●

forgive his father

コルカタの路上から、ある若者を連れ帰りました。
彼は、高い教育を受けていて、
いくつかの学位を持っていました。
彼は、悪い連中の手にかかり、
パスポートを盗まれてしまったのでした。
しばらくしてから彼に、どうして家を出たのか、と尋ねました。
彼は、自分は父親から望まれていないからだ、と言いました。
「小さいときから、父は一度もぼくの目を見たことがありません。
ぼくをねたむようになったのです。
だから、ぼくは家を出ました。」
長い祈りの後、
シスターたちは、父親をゆるして家へ帰るように、
彼を助けました。
このことは、彼と父親の両方の助けとなりました。
これは、大きな貧困の例です。

10月30日

do not be afraid !

お教えしましょうか？
もしあなたが、あなたの罪の重さを感じているとしたら、
心配することはありません！
神は、愛するお父さま、
神のあわれみは、わたしたちが想像するよりも、
はるかに大きいのですから。

10月31日

●

praise nor disgrace

謙虚さはすべての徳、純潔さ、慈愛、忠実の母です。
謙虚のうちに、
愛は本物で、献身的で、熱烈なものになるのです。
もし、あなたが謙虚ならば、
ほめ言葉も不評も、あなたを害するものはありません。
あなたは自分が何者なのかを知っているからです。
もし、あなたが非難されても、失望することはありません。
もし、あなたが聖人と呼ばれたとしても、
いい気になることはないでしょう。

１１月

November

11月1日

swimming in God

わたしたちは神あってこそ、
生き、行動し、存在するのです。
すべて存在するものに、力と命を与えるのは神です。
すべてのものに力と存在を与えるのは、神です。
けれども、神が現存し、支えていてくださらなければ、
すべてのものはなくなり、
完全な無に帰してしまうのです。
あなたは神に包まれ、神に守られ、
神の中で泳いでいる、ということを考えてください。

11月2日

language of charity

ベネズエラに修道会を創設したころ、
若いシスターたちの何人かが、
興奮し、少し神経質になって、尋ねました。
「言葉も習慣もわからない新しい国で、
わたしたちはどのようにやっていけるのでしょうか？」
わたしはこう言いました。
「何も心配は要りませんよ、
あなたがたは、愛の言葉、
この、だれもが理解できる言葉を話せるではありませんか。」
質問は続きました。
「何を持っていったらいいのでしょう？」
わたしは答えました。
「わたしたちの心と、わたしたちの手を。」

11月3日

●

love can be misused

愛は、自分勝手な動機で悪用されることがあり得ます。
わたしはあなたがたを愛しています。
同時に、わたしはできるだけ、
あなたがたから利己的な動機を取り去りたいのです。
でも、この場合、
取るべきではないものまで取ってしまうかもしれませんね。
そうなると、
わたしの「愛」は、もう本物の愛ではなくなってしまいます。

11月4日

no right to destroy

イエスさまはおっしゃっています。
御父である神にとって、わたしたち人間は、
地上の草や鳥や花よりも、もっと大切な存在なのです。
神がこれらのものに、あれほど心をかけておられるのなら、
わたしたちの中の彼の命を、
どれほど心にかけていらっしゃることでしょう。
神は、わたしたちを欺くことはなさいません。
命は人間に対する神のもっとも偉大な贈り物なのですから。
子どもは生まれる前から、神の似姿として創られ、
神のものなのです。
わたしたちには、その命を抹殺する権利はないのです。

11月5日

●

abortion

自分の問題を解決するために、
中絶によって、母親は自分の子どもをさえ殺してしまうのです。
そして、父親は、自分がこの世にもたらした子どもでありながら、
中絶に対してなんの責任も取らないのです。
そのような父親は、
他の女性にも同じような苦しみを押しつける傾向があります。
ですから、中絶は中絶を招くのです。
中絶を認めている国は、
人々に愛することを教えずに、
欲しいもののためなら、暴力を使ってもいいと
教えているようなものです。
こういうわけで、
愛と平和の最大の破壊者は、中絶であると言えるのです。

11月6日

●

show our love

わたしたちはどのように愛するのでしょう?
大きなことではなく、
ちょっとしたことの中に大きな愛をこめましょう。
わたしたち皆の中には、ほんとうに、とても大きな愛があります。
愛を表すことを恐れてはいけません。

11月7日

●

do great things

今日ここにいらっしゃる若い皆さん、
勉強している方、働いている方、将来に向けて何か準備している方、
みんなで確信しましょう。
キリストへの優しい愛を抱くこと、
そして、彼と共に、彼を通して、すばらしいことができるのだ、
ということを確信しましょう。
けれど、そのために、わたしたちには祈りが必要です。
祈りの実は、信仰を深め、信仰の実は、愛です。
そして愛の実は、奉仕なのです。

11月8日

●

never deceive us

わたしたちは、もっともひどい状況の所へでも、
まったく恐れることなく、出かけていくことができます。
わたしたちの中におられるイエスさまは、
決してわたしたちを欺かないからです。
わたしたちの中におられるイエスさまは、
わたしたちの愛であり、
わたしたちの力であり、
わたしたちの喜びであり、
わたしたちのあわれみなのです。

11月9日

●

ceasefire by prayer

ベイルートで、
国境線を越えて、
向こうにいる子どもたちを連れてきたいと思ったとき、
そのためには、戦線を横切らなくてはならず、
撃たれる可能性もあると注意されました。
でも、わたしは主張しました。
「いいえ、明日は休戦になるでしょう。
戦いは止むはずです。」
シスターたちは、翌日休戦になるように、祈り続けました。
そして、そのとおりになったのです。
わたしたちは、身よりのない子どもたちと、
体の不自由な子どもたちの世話を引き受け、
安全に、わたしたちの家へ連れてくることができました。

11月10日

put this prayer into life

みんなで祈りましょう。
特にこの世界の兄弟姉妹であり、
後に記す祈りを理解してくださる方々と共に。
わたしたちは、めいめい、この祈りをしっかりと受け止めて、
自分自身の良心をよく調べてみなければなりません。
そして、各自が、この祈りをだれかに伝える前に、
この祈りの精神を自分のものにしましょう。
どうかわたしを、死から命へ、偽りから真実へお導きください。
どうかわたしを、絶望から希望へ、恐れから信頼へお導きください。
どうかわたしを、憎しみから愛へ、戦争から平和へお導きください。
どうか、平和が、わたしたちの心、わたしたちの世界、
そして、宇宙に満ちあふれますように。

11月11日

simply better man

わたしたちの目的は、神と神の愛を、
貧しい中でももっとも貧しい人々にもたらすことです。
彼らの属している民族や信条がなんであっても、
関係ありません。
わたしたちが助けの手を差しのべるかどうかの判断は、
相手が何を信じているかということではなく、
必要性によるのです。
わたしたちの働きの中で、わたしたちは神の愛の証人です。
ですから、カトリックであれプロテスタントであれ、
仏教徒であれ、その他の信仰者であれ、
彼らがよりよい人間になりさえすれば、
わたしたちは満足なのです。
彼らは神の愛の中で育まれ、神により近づいた存在になり、
神の善の中に、神ご自身を見いだすことでしょう。

11月12日

●

spirit must radiate

共労者の皆さんへ

わたしはあなたがたに、ご自分の住んでいる地域の
貧しい人たちへの真心をこめた無償の奉仕に、
いっそう専念していただきたいと思っています。
一人ひとりが、孤独な人たち、だれからも必要とされない人たち、
体の不自由な人たちを見つけてください。
おそらく、ちょっとしたほほえみ、
ちょっとした訪問、だれかのために灯をともすこと、
だれかのために本を読んであげること。
小さなこと、そうです、とてもささやかなことです。
けれどそれが、あなたの行為における神の愛となるでしょう。
この精神は、あなた自身の心からあなたの家族へ、
そして周りの方々へ、
街へ、国へ、そして世界へと輝かなくてはならないのです。

11月13日

mission of love

愛を伝えることは、
神との一致によってのみ可能です。
その一致から、家族への愛、周りの人たちへの愛、
貧しい人たちへの愛が生まれます。
愛は、神との一致による、自然な実りなのです。

11月14日

knelt down and prayed

高い役職についているブラジル人の紳士が、手紙をくださいました。
以前、彼は、神と人間に対する信頼をまったく失ってしまい、
すべてを投げ捨て、ただ自殺だけを考えていた時があったそうです。
ある日、店の前を通りかかった彼の目は、
突然、そこにあったテレビにくぎ付けになったのです。
そこには、カリガートの『死を待つ人の家』で、
病人や、死にゆく人たちのお世話をするシスターたちの姿が
映っていたのでした。
彼はこう書いています。
そのシーンをしばらく見続けた後、ほんとうに久しぶりに、
わたしは、その場でひざまずき、祈りました、と。
そして今、彼は神に立ち帰り、生きています。
神が、この世界をまだ愛してくださっていると、わかったからです。
彼はこのことを、あのテレビで見たのでした。
あのテレビ番組は、礼拝堂だったのです。

11月15日

keep on improving

シスターたちへ

わたしたちの子どもたちは、
スラムの子どもたちです。
だからこそ、ほうっておけないのです。
シスター一人ひとりが、子どもたちをひきつけ、
とらえて離さない魅力的な方法を見いださなくてはなりません。
あなたの方がたくさんの知識を持っているからといって、
教える準備も何もしなくていい、などと考えてはいけません。
彼らは、最良のものを持っているはずですし、
彼らにとってよいことを、
いちばん大切にしなくてはなりません。
あなたのやり方をよどんだ水のように、
活力のないものにしてはいけません。
いつも改善を進め、

その伝え方も知らなければなりません。
準備を、ささいなこととして、
決して後回しにしてはいけません。
子どもたちの幸せが、わたしたちの関心事なのですから。
同時に、もっとも必要なことを、あなたも学んでください。

11月16日

●

we are nothing

祈りにおいて誠実であってください。
祈り方をご存じですか?
あなたの祈りを祈っていますか?
祈ることを愛していますか?
神と顔と顔を合わせるとき、
わたしたちは誠実であるしかない状態となり、
自分自身がまったく無であることを知るでしょう。
わたしたちが、
自分自身の無価値や、はかなさに気づいたときにのみ、
神はご自身で、わたしたちを満たしてくださるのです。
わたしたちが神でいっぱいになったら、
わたしたちのすることはすべて、
何でもうまくいくことでしょう。

11月17日

treasure house

カリガートの『死を待つ人の家』では、
落ち込んだり、絶望の中でだれにも必要とされず、
空腹のまま、愛されずに亡くなった人は、ひとりもいません。
ですから、わたしはこの家が、コルカタの宝の家だと思うのです。
わたしたちは、ヒンドゥー教、イスラム教、仏教、
カトリック、プロテスタント、そのほかどんな宗教でも、
それぞれの書かれた聖典に従って、
彼らが望むものは何でも、したり与えたりしています。
宗教の団体は、彼らの死者を集めて、
彼らの宗教的典礼に従って、火葬や埋葬などを行うのです。
ある人はガンジス川の水、ある人は聖水、言葉、祈りを求めます。
中には、リンゴや、ザクロや、タバコを求める人もいます。
ただ自分の傍らにだれか座っていてほしい、という人もいます。

11月18日

●

we have it to give

あなたが愛を信じるとき、
あなたが愛するとき、
あなたは仕える者となり、自分自身を与えたいと願います。
神は、わたしたちにお手本を与えてくださいました。
ですから、わたしたちに何でも無償でくださっているのです。
自分自身を差し上げなくてはなりません。
仕事の中に、うぬぼれや虚栄心がないようにしましょう。
わたしたちが貧しい人たちに与えるものはすべて、
与えるために持っているのだ、と確信しましょう。

１１月１９日

●

“No, never”

わたしが、いまだかつて怒ったり、
フラストレーションを感じたりしたことがないか、ですって？
ときどき、わたしは、無駄遣いを見るとき、
その人たちが捨てるようなものが、貧しい人たちには必要であり、
彼らを死から救うことができるのにと思うとき、怒りを感じます。
フラストレーションですって？
いいえ、一度もありません。

11月20日

all hungry for love

なぜ、わたしでなくこの人が？
なぜ溝から引き上げられたこの人が、ここに？
わたしではなく？
これは神秘です。だれも答えを出すことはできません。
神秘のあるところに、信仰の心が生まれます。
たとえ、あなたが信仰をどのように見るとしても、
あなたは、それを変えることはできません。
あなたが信仰を持っていても、いなくても。

11月21日

love & faith

信仰は神のたまものです。
信仰なしに、人生などありえません。
わたしたちの仕事が、実り豊かで、
すばらしいものであるためには、
それが信仰の上に成り立っていなくてはなりません。
愛と信仰は、共に歩み、互いに完成し合うのです。

１１月２２日

do my work today

なぜ、貧しい人たちの手に魚を与えるよりも、
魚を捕る釣《つ》り竿《ざお》を与えないのですか？
そうしなければ、
貧しい人たちは、いつまでも貧しいままではないですか、
と尋ねられます。
そこで、わたしは彼らに言いました。
「わたしが路上から連れてくる人たちは、
釣り竿を持って立つことすらできないのです。
ですから、今日、彼らに魚を与えます。
そして、彼らが立ち上がれるようになったら、
彼らをあなたのところへ送りましょう。
そうしたら、今度はあなたが、彼らに釣り竿を与えてください。
それはあなたの仕事です。
わたしには、今は、わたしの仕事をさせてください。」

11月23日

●

coming from inside

もし、わたしたちの家庭生活に困難があるとしたら、
もし、わたしたちの家庭で、それほど多くの苦しみがあるのなら、
それは、家族の生活が壊れてしまっているからです。
そして、それは、
わたしたち自身の手で壊されてしまっているのです。
破壊は内部からやってきます。
もし、それが外からのものであるならば、
追いやることは簡単でしょう。
けれど、破壊が内側からやってくるとき、
これは、たいへんむずかしい問題です。
だからこそ、わたしたちには祈りが必要なのです。

１１月２４日

be less talk

口数は、少なくすべきです。
説教しても、それが人とふれ合う場にはなりません。
では、どうしますか？
ほうきを取って、だれかの家を掃除しなさい。
その行為が十分に語ってくれます。
わたしたちは皆、
自分にできる小さいことをして通り過ぎていく、
神の道具なのです。

11月25日

●

condemn anybody?

その人が、
ヒンドゥー教徒であれ、
イスラム教徒であれ、キリスト教徒であれ、
どのように生きてきたのか、ということが、
その人の人生がまったく神のものであるかどうかを、
証明するのです。
わたしたちは、非難したり判断したり、
人々を傷つけるような言葉を言ったりすることはできません。
わたしたちは、神がどのようなやり方で、その魂に現れ、
ご自分の方へ引き寄せられるのか、わからないのですから。
そうであれば、だれかのことを非難するなど、
いったい、わたしたちは何様なのでしょうか。

11月26日

charity for the poor

貧しい人たちへの愛の奉仕は、燃え続ける炎のようです。
燃料が乾燥していれば、もっと輝きを増すのです。
あなたがたの貧しい人たちへの奉仕には、
どうか、あなたがたの手だけでなく、
心もいっしょに差し出してください。
愛の奉仕が実を結ぶためには、犠牲を払わなくてはなりません。

１１月２７日

●

still burning

メルボルンで、わたしは、
恐らくだれもその人の存在を知らない、
と思われるひとりのお年寄りを訪ねました。
彼の部屋は、それはそれはひどい状態でした。
わたしは掃除したかったのですが、
彼は、「これでいいんだ」と言い続けるのです。
わたしは何も言いませんでしたが、
それでも最後には掃除することを許してくれました。
そこには、何年も埃《ほこり》をかぶったままの美しいランプがありました。
わたしは尋ねました。
「どうして、ランプをつけないのですか？」
「だれのために？」と彼は言いました。
「だれも、わたしのところにきはしません。」
「もしも、シスターがあなたに会いにきたら、
ランプをつけてくださいますか？」とわたしが言うと、

彼は言いました。
「いいとも。人の声が聞けるのなら、そうしよう。」
そして先日、彼は伝言をくれました。
「わたしの友だちに言ってくれ。あんたが、わたしの人生につけてくれたあの灯は、
今も燃え続けているよ、と。」
ほら、ご覧なさい。
ちょっとした行為が生むすばらしいことを。

11月28日

●

“Jesus, my patient”

最愛の主よ、
今日も、そして毎日、
あなたを病気の人の中に、見せていただけたら……。
彼らを看病している間、
主よ、わたしはあなたをお世話しているのです。
あなたが、怒りっぽい人たち、
気むずかしく要求ばかりする人たち、
理解を欠いた人たち、
といった魅力的とは言えない姿のかげに
身を隠しておられるとしても、
それでも、あなたを見分け、
「イエスさま、わたしの患者さま、
あなたのお世話をすることは、なんと快いことでしょう」
と申し上げることを許していただけたら……。

11月29日

in a burst of love

ベイルートで、砲撃を受けた病院に行き、
かなり重症の身体障害者を含む
五十五人の子どもたちを見つけました。
わたしは、この子どもたちを連れ出すと申し出ました。
実は、彼らのお世話をするために
わたしたちは必要なものでさえ、持ってはいませんでした。
それでも、わたしたちは、修道院へ、彼らといっしょに戻りました。
子どもたちや、若い人たちの何人か、(イスラム教徒、キリスト教徒、ドルーズ派など)が、
わたしたちを助けにきてくれました。

その中の小さい子は、
家へ行ってこの子どもたちにあげる服を持ってきてくれました。
ガムをかんでいた何人かは、愛でいっぱいの心から、
なんと、自分たちがかんでいたガムを口から取り出して、
それを子どもたちにあげたのです!

11月30日

●

thoughtfulness

だれか、わたしを助けたいと思われるのなら、
それを家庭で始めてください。
あなたの近くに、あなたの仕事の場に、
あなたのオフィスや工場に、助けの必要な人がいるのです。
あるとき、わたしは、ムンバイの、
三千人以上の労働者が働いている大きな工場に、
そこの会長さんといっしょに行きました。
彼は、ここにいる皆で、
アシャダンという、わたしの施設にいる人たちに、
何か食べ物を贈るという計画を進めていたのです。
わたしは皆さんにお礼を言うために、そこへ行きました。
すると驚いたことに、
従業員の多くは体が不自由な人たちだったのです。
そして他にもわたしの心を打ったのは、
会長さんが一人ひとりの作業員のほとんど全員の名前を知っている、

ということでした。
わたしたちが工場の中を通っていくとき、
彼は会う人だれにでも、あいさつや言葉をかけていたのです。
思いやり深い行為は、
ほんとうの愛があるときにやってくるのです。
他の人のことを考えられないほどに忙しいなどということに、
決してならないように。

１２月

December

１２月１日

the good news

平和と、喜びと、愛のために祈りましょう。
イエスさまは福音をもたらすためにこられた、
ということを忘れてはいけません。
「わたしの平和をあなたがたに残し、
わたしの平和をあなたがたに与える。」
イエスさまは、
わたしたちがお互いに傷つけ合わない
というだけの世界平和を与えるために、
こられたのではないのです。
彼は、愛することから、
つまり、他の人たちによいことをするところから生まれる
心の平和を与えるために、いらしたのです。

12月2日

●

let us radiate

平和をもたらすために、
銃や爆弾は必要ではありません。
愛と思いやりの心が必要なのです。
神の平和を輝かせましょう。
神の光をすべての人の心にともし、
世界中の、すべての憎しみと権力への愛着を
消し去ってしまいましょう。

12月3日

●

Sishu Bhavan

わたしたちの『子どもの家』には、
たくさんの家族がやってきて、子どもを養子にしてくれます。
わたしたちは、子どものいない家庭、
子どもを持てない家庭に喜びをもたらしています。
父親と母親の愛を、
殺されていたかもしれない子どもたちに、もたらしています。
神さまのすばらしいなさり方を見てください。
これこそ、ほんとうに行いによる愛です。

12月4日

●

sign of pride

もしあなたが、がっかりしたのだとしたら、
それはあなたのうぬぼれの表れです。
それは、あなたが、
あなた自身の力を信じていることを表しているからです。
あなたの自己充足感、あなたの自己中心、あなたの知的なプライド、
これらは、
神があなたの心の中に訪れてくださることを抑えてしまうでしょう。
神はすでにいっぱいのものを満たすことはできないからです。
それは、ほんとうに単純なことなのです。

12月5日

the essential thing

わたしたちは神を見いだす必要があります。
神を、騒がしさや、落ち着きのないところで
見いだすことはできません。
神は、静けさの友です。
沈黙の祈りを実践すればするほど、
活動においてもっと多くを与えることができるのです。
大切なことは、わたしたちが言っているのではなく、
神が、わたしたちにおっしゃること、
そして、神がわたしたちを通して、
おっしゃっていることなのです。

12月6日

●

sharing the joy of loving

しばらく前、若いふたりがわたしのところにきて、
貧しい人たちの食べ物のために、
かなりの額のお金をくださいました。
わたしは彼らに尋ねました。
「どこで、こんなにたくさんのお金を手に入れたのですか?」
彼らは言いました。
「二日前、わたしたちは結婚しました。
わたしたちは、結婚衣装を買わないこと、
結婚式を盛大にしないこと、
そして貧しい人たちの食べ物のために、
あなたにお金を差し上げることを決めたのです。」
わたしは重ねて聞きました。
「でも、どうしてそんなことを決めたのですか?」
彼らは言いました。
「わたしたちはお互いにとても愛し合っているので、

何かの犠牲をすることによって、
あなたが奉仕している人たちと、愛の喜びを分ち合いながら、
いっしょにわたしたちの生活をスタートしたい、と思ったのです。」
このような愛は尊い愛です。
わたしたちが、このような愛をたくさん育てれば育てるほど、
もっと神に近づいていくのです。

12月7日

●

temples of love

おそらく、わたしたちの家族の中に、
さびしい思いをしている人、体の具合の悪い人、
何か心配事のある人がいるのではないでしょうか。
わたしたちはそこにいますか?
まずはじめに、
自分たちの家族の中の心さびしい人を見つけましょう。
お年寄りは施設に入れられて、
だれも訪れる人がいないのです。
お互いにほほえみを交わす時間すら、
どんどんなくなってきています。
いっしょにいる時間がどんどん少なくなってきています。
愛は家庭から始まるのです。
もしも、わたしたちが、
自分たちの家を愛の神殿にすることができさえすれば……。

12月8日

●

converting hearts

わたしは人々を変えたいと思います。
あなたがたが思っているような改宗という意味ではなく、
心を変えたいのです。
全能の神でさえ、その人が望まない限り、変えることはできません。
わたしたちの行いや、奉仕をもってするすべての努力が、
わたしたちを神に近づけるのです。
これが理解されるべき回心の道ですが、
人々は、回心とは突然に変わることだと思っています。
でも、そうではありません。
神を自分の生涯の中に迎え入れることによって、変わるのです。
わたしたちは、もっとよいヒンドゥー教徒、
もっとよいイスラム教徒、もっとよいカトリック教徒、
その他なんであっても、
もっとよい人になり、いっそう神に近い者になるのです。

12月9日

●

one's conscience

わたしは（人々に）、どんな近づき方をするでしょう?
それは自然と、カトリックのやり方になるでしょう。
あなたにとってはヒンドゥー教、他のだれかには仏教と、
その人の心に合った方法があります。
あなたの心におられる神を、
あなたは受け入れるにちがいないからです。
でも、わたしは、わたしが持っているもの、
つまり、わたしがいいと信じているものを
あなたにあげずにはいられません。

マザーが人々に配られた聖母マリアのメダイ

12月10日

"are you married ?"

コルカタへきた人々が帰る前に、願いました。

「わたしたちがもっとよく生きていく助けとなることを何かおっしゃってください。」

わたしは言いました。

「お互いに笑顔を向けてください。あなたの妻に、あなたの夫に、あなたの子どもたちに。だれであっても、かまわないのです。そうすればお互いに、いっそう大きな愛を成長させることでしょう。」

ひとりが尋ねました。

「あなたは、結婚しているのですか?」

わたしは答えました。

「はい。ときどき、わたしの主人であるイエスさまに笑顔を向けることは、とてもむずかしいと思うときがありますよ。

彼は厳しい要求をたくさんされます。」
これはほんとうです。
愛は、要求がとても厳しいとき、
わたしたちが喜んで与えることができるとき、生まれてくるのです。

12月11日

●

God bless you

「わたしは祈りを必要としているでしょうか？」
「わたしは祈りたいのでしょうか？」
と、あなたが感じるとき、
どこにいようとも、
マザー・テレサの、
「愛と祝福がいつもあなたと共に」という祈りを
覚えていてください。
神の祝福がありますように。

12月12日

●

most beautiful work

もしあなたの家に、
病気の人、さびしがっている人がいるなら、
そこにいてください。
もしかしたら、ただ手を握るだけかもしれないし、
ただほほえんであげるだけかもしれません。
でも、それこそが、とても大切で、
そして、とてもすばらしいことなのです。

12月13日

●

human dignity

毎日、わたしたちが集めてくる貧しい人たちは、
社会から拒絶され、見捨てられた人たちです。
人々は、貧しい人たちが、
あなたや、わたし同様の扱いを受けることができる、
とは考えないのです。
わたしたちは、
彼らに人間としての尊厳を取り戻してあげなくてはなりません。
ある日のこと、十五、六歳の少年が、
泣きながら石けんの施しを求めてきました。
わたしは、その子の家族が以前は豊かだったけれど、
今は貧しくなってしまっていることを知っていました。
彼は、言いました。
「ぼくの姉は高校に通っています。
でも、毎日学校から帰されるのです。
姉のサリーは洗濯されていないし、

うちには洗濯用の石けんがないのです。
どうか、ぼくに石けんをください。
そうすれば、姉はサリーを洗うことができて、
学校を続け、卒業することができます。」
わたしたちは、ここに、
この家族が貧しいがゆえに苦しまなくてはならない、
屈辱というものを見るのです。

12月14日

●

be on your lips

ほほえみは、いつも、
あなたの唇の上になくてはいけませんよ。
わたしたちが手を貸すどんな子どもたちに対しても、
わたしたちが仲間同士としての親しみを表したり、
お薬を与えるだれに対しても。
治療をするだけ、というのはたいへんな間違いです。
わたしたちは、心のすべてを差し出さなくてはなりません。

12月15日

●

our motto

「主よ、どうかわたしを、あなたの平和の道具としてください。」
これがわたしたちの会のモットーです。
もっとも重要なことは、
会の働きを神の働きとして保ち続けるということ、
どんな要求によっても、
それを台無しにしてはならないということです。
人間的に言えば、
若くて経験の足りないシスターたちがしていることは、
彼女たちには不可能といえるようなことです。
わたしたちは神のみ業を行う、ただの道具に過ぎません。
わたしたちの役割は、
イエスさまに使っていただくということです。
わたしたちと共に、わたしたちを通して、わたしたちの中で、
働いていらっしゃるのは、神ご自身なのです。

12月16日

●

this conviction

わたしは、わたしに対する神の愛、
そして、神へのわたしの愛を確信しているでしょうか?
この確信は、聖性を開花させるつぼみであり、
命の活力で満たしてくれる太陽の光のようなものです。
この確信は、聖性の礎なのです。

12月17日

give it up

パルシー教徒と結婚したヒンドゥー教の女性がやってきて、
三歳になる口の利けない彼女の息子のために、
祝福を求めました。
わたしは彼女に尋ねました。
「あなたにとって、とても捨てがたい大事なものがありますか？」
母親は答えました。
「ええ、噛《か》みたばこです。
それは、もうわたしにとって、
やめることのできない習慣となっています。」
「それを、あなたの犠牲として、神にささげなさい。
そして、子どもの回復を祈りなさい。」
彼女はそのとおりにし、
三か月後、その子は話し始め、
やがて、普通に話せるようになったのです。

12月18日

●

our strength lies

小さなことに忠実でありなさい。
思いやりの心をこめましょう。
その中にわたしたちの力があるのですから。
多くを与えることはできないかもしれません。
けれど、いつも神と共にいる愛のうちにわき上がる喜びを
与えることができるのです。

12月19日

●

the work will prosper

わたしたちの仕事が、こんなに急速に、
こんなに広がるとは思っていませんでした。
この働きが続くことを疑ったことは一度もありませんが、
こんなに発展するとは思ってもみませんでした。
疑いを持ったことはありません。わたしには確信があるからです。
もし、神がこの働きを祝福されるなら、
成功することは疑いありません。
わたしたちのだれひとりとして、経験したことはなかったのです。
だれひとりとして、
世界が必要とするものなど持っていなかったのです。
世界中にいる、すべての小さきシスターたちこそが奇跡です。
神は、彼女たちをお使いになっています。
わたしたちのだれもが、
この確信を抱き続けている限り、大丈夫です。
働きは成功するでしょう。

12月20日

●

"what does it profit ?"

聖書の中に書かれています。
「信仰があっても、行いがなければ、何の益があろうか。」
信仰は、人を救うことができるのでしょうか?
もし、兄弟姉妹が裸で、日々の食べ物を求めているのに、
あなたがたのひとりが、彼らに、
「安らかに行きなさい。
温まって、満腹するまで食べなさい」と言いながら、
体のために必要なものは何も与えないなら、
いったいなんの益があるのでしょうか?
ですから、信仰とは、行いがない限り、
それ自体では死んだものなのです。

12月21日

●

whole heart

ゆだねられた仕事をしているときはいつでも、
真心こめて行いなさい。
どれだけたくさんしたかではなく、
どれだけ忠実に、していることに信仰をこめるか、です。
何かをしているということは確かです。
ただときどき、わたしたちは忘れたり、
他の人を見て、
人がしていることを、自分もしたいと思って時間を浪費します。

12月22日

●

many vocations

神は、わたしたちの会を、多くの召命で祝福してくださいました。
多くの若い人たちが、
貧しい人たちの中でも、
もっとも貧しい人たちの中におられるイエスさまに、
自分たちの人生のすべてをささげています。
この働きを通して、
豊かな人たちと貧しい人たちが、お互いに知り合い、愛し合い、
実際の行為に彼らの愛や彼らの思いを注ぐことによって、
生きる喜びを分かち合っています。
これこそが、全世界への、神のすばらしい贈り物なのです。

12月23日

●

your vocation

わたしたちの召命はイエスさまのものです。
貧しい人たちのために働くことではありません。
貧しい人たちのための働きは、
行動に表したわたしたちの神への愛です。
家族を持つこと、お互いに愛し合うことは、あなたの召命です。
あなたが家族のためにする奉仕は、
行いに表れたあなたの神への愛なのです。

12月24日

●

self-control

貧しい人たちは、すばらしい人たちです。
彼らは、たくさんのすばらしいことを教えてくれます。
ある日、貧しい人たちのひとりが、お礼を言いにきました。
「あなたがたは、純潔を大切にしています。
ですから、あなたがたこそが、
わたしたちに家族計画を教えてくださるふさわしい方々です。
それは、お互いに愛し合うからこそできる
自制以外の何ものでもないからです。」

１２月２５日

Jesus as a little babe

クリスマスの日、わたしたちは、
か弱く、貧しく、幼い乳飲み子としてのイエスさまを見ます。
彼は、愛し、愛されるためにこられました。
わたしたちは今日の世界で、
どのようにしてイエスさまを愛することができるのでしょうか？
夫を、妻を、子どもたちを、兄弟や姉妹を、周りの人たちを、
そして貧しい人たちを愛することによってできるのです。
イエスさまはすべての人の中におられるのですから。
さあ、ベツレヘムの貧しい飼い葉桶の周りに集いましょう。
そして、わたしたちが日々出会う、
すべての人の中におられるイエスさまを愛することを
固く決心しましょう。

12月26日

●

Christmas treat

コルカタにある、わたしたちの施設の子どもたちは、
毎年、ある国際線の航空会社から
一時間の空の無料フライトという、
少し早いクリスマスのプレゼントをいただきます。
百五十人の子どもたちの興奮状態を、
あなたがたにお見せできたら、と思います。
この日のために寄付された、
おそろいのシャツと帽子をかぶった子どもたちは、
それは、こざっぱりとしています。
体が不自由だったり、栄養失調だったり、
捨てられていた子どもたち。
こんなことでもなければ、
空を飛ぶ喜びなど経験するはずもない子どもたちに対して、
なんというすばらしい機会が与えられたのでしょうか。

12月27日

●

beautiful people

わたしは、繰り返して言います。
わたしたちが奉仕している貧しい人たち、
ハンセン病で苦しんでいる人たち、
拒絶された人たち、アルコール依存症の人たち、
これらの人たちは、すばらしい人たちです。
彼らは、すばらしい人格を持っています。
彼らに奉仕しながら、わたしたちが得た経験は、
そうしたすばらしい経験をまだ持ったことのない人たちに、
伝えていかなくてはなりません。

12月28日

●

thirty years in Nazareth

お互いに愛と一致によって結ばれている、
しっかりとした家族にとって、
もっとも大切なルールは、
子どもたちが、両親に対する無限の信頼と従順を、
態度や行動に示すということです。
イエスさまはナザレで、三十年間、
これを実践していらっしゃいました。
わたしたちは、
この間「両親に従っておられた」ということ以外には、
神について何も聞くことがありませんでした。
つまり、彼は言われたとおりになさっていたのです。

12月29日

●

the will of God

今日、いまだかつてないほど、わたしたちには祈りが必要です。
神のご意志を知るための灯として……。
神のご意志を受け入れる愛のために……。
神のご意志を行う道のために……。

12月30日

serve with own hands

コルカタの修道会が創立二十五周年を迎え、
人々がわたしたちのためにいっしょに祈りました。
ヒンドゥー教、ヤニ教、シーク教、仏教、
ゾロアスター教、ユダヤ教、英国国教会、プロテスタント、
実際には十八の異なる場所から、
すべての宗派と宗教の人々が集い、
わたしたちは、これらの皆さんと共に祈りました。
わたしたちは、実際のささげものの準備に取り組みました。
企業のトップの方々や、社会の重要なメンバーに、
貧しい人たちを知ってもらい、彼らの友だちとなり、
ふれ合いを持ってもらい、彼らの状態を学んでもらいました。
その後、その人たちは、彼ら自身の手で奉仕をしてくれました。
貧しい人たちは、こんなにいい服を着た人たちがきて、
彼らに奉仕する姿を見て驚き、とても深く心を動かされたのです。
このような手本は、長く語り継がれるでしょう。

12月31日

●

loving & prayerful place

死や悲しみの代わりに、
この世界に平和と喜びをもたらしましょう。
こうするためには、神に、神の平和というたまものを請いねがい、
さらに、神の子どもである兄弟姉妹として、
互いに受け入れ合うことを学ばなくてはなりません。
子どもたちにとって、
愛し方や祈り方を学ぶ最善の場所が、家庭であること、
そして自分たちの母親と父親の愛や祈りを見て
学ぶのだということを、わたしたちは知っています。
家族がしっかりと結ばれているとき、
子どもたちは、神の特別な愛を、
父親と母親の愛のうちに見いだすことができます。
そして、子どもたちは自分たちの国を、
愛と祈りに満ちた場所にしていくことができるのです。

あとがき

二〇〇九年の復活祭。コルカタのマザーハウスを再訪、世界中からのボランティアたちとともにイースターを祝いました。没後十年を経ても、マザーの影響は広がっています。マザー・テレサのもとへ、なぜかわたしたちは集まっていくのです。

マザー・テレサは、一九一〇年八月二十六日にスコピエ（現マケドニア）の裕福な家庭に生まれました。カトリック信者である母は、いつも食卓に貧しい人を招き入れ共に食事をするような人でした。十八歳のときにアイルランドの修道会へ入会、その後インドへ派遣され、母と再び生きて会うことは叶《かな》いませんでした。三十六歳の夏、黙想のためダージリンへ向かう車中で、神の声を聞いたのです。そして三十八歳のときに、たった五ルピー（約百五十円）を手にひとりでスラムに入っていきました。

一九四八年にひとりではじめた行動は、半世紀を経て全世界百二十か国に広がり、今では六千人のシスターやブラザーを擁し、現在も多くの若者をひきつけてやまない〝神の愛の宣教者会（Missionaries of Charity）〟へと成長しました。コルカタのマザーの施設、「カリガート（死を待つ人の家）」は、いつも世界中からのボランティアでいっぱいです。親のない子どもたち、ハンセン病の患者、その他見捨てられた人たちのお世話をする施設は、どこもボランティアに対してオープンです。マザーは「愛の反対は無関心」とおっしゃっています。マザーの施設での交流を通して、わたしたちは直接貧しい人たちとふれ合うチャンスをいただいています。シスターたちにとってボランティアは、正直言ってじゃまになることもあるはずですが、出会いの場を与えてくださっているのです。

日本にも、わたしたちの身近にコルカタはあります。マザーの言葉にふれたわたしたち一人ひとりが、それぞれの毎日の中で、小さな行為を通して愛の担い手となること……これが天国のマザーの、今生きているわたしたちに託したメッセージではないでしょうか。

出版まで応援してくださったみなさま、そして今この本を手にしてくださっているあなたに心よりお礼申し上げます。ありがとうございました。

いなます　みかこ

この本は2000年6月1日に出版されたものを文庫にしたものです。

マザー・テレサ日々のことば

著者　マザー・テレサ

編者　ジャヤ・チャリハ&エドワード・レ・ジョリー

訳者　いなます　みかこ

発行所　女子パウロ会

代表者　浅井則子

〒107-0052　東京都港区赤坂8-12-42

Tel.(03)3479-3943　Fax.(03)3479-3944

Webサイト http://www.pauline.or.jp/

印刷所　精興社

初版発行　2009年11月1日
2刷発行　2010年1月7日

ISBN978-4-7896-0681-3 C0016

NDC930　16 cm　Printed in Japan